TÖDLICHE LEIDENSCHAFT

AF199795

Unverhohlene Lust an haltloser Hingabe, Flucht vor Einsamkeit und Verachtung der Zärtlichkeit. Im unbewältigten Schmerz des Lebens ist Liebe längst vergessen. Gier und Langeweile, Egoismus und Selbstsucht bestimmen den Taumel der Suche nach Glück und Erlösung - bis hin zur unaufhaltsamen Katastrophe.

Sie liebt nicht - und möchte doch so geliebt werden, wie sie sich das vorstellt und ersehnt. Er ist gleichgültig und bedenkenlos - und braucht doch die Geborgenheit und Wärme des Zusammenseins. Unter der heißen Glut der Sonne in einem schalen spanischen Urlaubsort prallen sie in einer Atmosphäre des lockeren Nichtstuns schicksalshaft aufeinander. Sie lassen sich treiben, bis sie sich bewusst werden, dass sie sich selbst ausgeliefert sind, nicht mehr über sich selbst bestimmen können. Im Feuer des Flamencos und in der Hitze der Nachmittage in der Arena zeigt zudem der Tod beim Stierkampf seine betäubende Faszination. Tod und Leben verbinden sich zu einer grausamen Harmonie von Leiden und Verzweiflung, verstricken Begehren und Erwartungen in ein unauflösbares Netz einer Erfüllung, die sie aber letztlich doch nicht annehmen wollen.

Was bleibt, wenn man Liebe nicht erkennen kann, wenn man haltlos und resignierend an ihr vorüber geht ?

Harte, brutale Realität und zartes, empfindsames Verstehen finden sich in diesem Zeugnis unbeirrbaren Suchens. In Bildern krasser Wahrheit und unvergesslicher Intensität rollt diese Geschichte des ungezügelten Lebens packend und abstoßend, ernüchternd und besinnend ab.

„Was ist denn schon
Erinnerung ?"
„Wie Edelmetall
an der Börse."

Für Rosmarin,
meine geliebte Frau.
Sie gibt mir alles,
was sie bekommen hat.

CHRISTIAN SCHOLZ
Spanischer Sommer

EIN BERICHT
GETARNT ALS ROMAN

INHALTSVERZEICHNIS

Stierkult

Kult. Verehrung des Stiers v. a. im Alten Orient
als Symbol von Gottheiten auf Grund seiner Stärke,
Wildheit und Zeugungskraft. Charakteristisch hierfür war
die altägypt. Verehrung des Apis-, Mnevis- und
Buchisstiers. Im alten Iran stand die rituelle Tötung des
Stiers im Mittelpunkt nächtl. Opferfeiern, die in der
Spätantike dann vom Mithraskult tradiert wurde.
Stierblut wurde in den Mysterien der Kybele beim
Vollzug eines Taufritus verwendet. Als bevorzugtes
Opfertier galt der Stier in Mesopotamien, Syrien und
Kleinasien sowie in der kanaanäischen Umwelt des AT.
Stierkampf (span. Corrida de toros), im alten Ägyten,
in Mesopotamien und später bei Mauren Südspaniens
bekannter Kampf von Menschen mit Stieren.

MEYERS GROSSES UNIVERSALLEXIKON,
letztgültige Ausgabe 1981 - 1986
Bibliographisches Institut AG,
Mannheim, Wien, Zürich

„Denn jeder tötet,
was er liebt;
der Feige tut es
mit dem Kuss,
der Stolze
mit dem Stahl."

OSCAR WILDE

Donnerstag 14. August

ER LEHNTE MIT DER SCHULTER an einem der Baumstämme, die Hände in den Hosentaschen, blickte hinüber auf die Nachbildung der Santa Maria. Vom Kai her rief ihm der Mann mit offenem Hemd etwas zu und deutete auf den Hafen, beschrieb mit dem Arm einen weit ausholenden Bogen. Er schüttelte den Kopf. Der Mann schrie nochmals und machte eine einladende Geste, nickte auffordernd, ermunternd, wartete, schrie herüber. Zuckte die Achseln, wandte sich ab. Drehte sich nochmals herum und rief. Gab es schließlich auf und stieg in sein passagierloses Boot.

Er lehnte am Stamm und blickte hinaus auf den Hafen. Fünf, sechs Boote, verschwommene Konturen, helle Farbflecken, Bilder.

Herbstregen am Meer. Die Barbesitzer hatten die Fenster ihrer dürftigen Lokale mit Brettern vernagelt, kein Leben mehr am Strand. Hundert Meter hinter den Hotelfassaden verschlammte Erde und klebriges Gras, das sich an den Schuhen verfing.

Die Wassergräben zu beiden Seiten des Wegs gingen über, der Wirt in der Pension war anfangs mürrisch, dann von Tag zu Tag freundlicher, obwohl man sich gegenseitig kaum verstand, sich nicht wirklich unterhalten konnte. Er hatte dem Wirt eine Zigarette angeboten, der hatte abgelehnt, sich aber zu ihm gesetzt, an den kleinen Tisch, von dem der dunkelblaue Lackanstrich abbröckelte.

Nach der Zigarette war ihm schlecht geworden, er hatte

seit zwei Tagen kaum etwas gegessen, er entschuldigte sich und war auf sein Zimmer gegangen. Er hatte sich doch nicht übergeben, wie er fürchtete, er legte sich einfach auf das Bett, starrte zur Decke, dachte nach und begann erneut zu rauchen.

Später klopfte der Wirt an, schob den Kopf herein, bedeutete gesellig, mit einem Glas Rotwein in der Hand, ob er nicht trinken wolle. Er war aufgestanden, mit dem Wirt nach unten gegangen, sie hatten sich wieder an den Tisch gesetzt, und der Wirt ließ ein Glas für sich bringen und eine Flasche Rotwein. Sie gestikulierten vom Meer, vom Wetter, von der vergangenen Saison. Am Abend war ein wirklich sehr hübsches Mädchen in sein Zimmer gekommen, vom Wirt geschickt, Signore Perucci.

Sie selbst hieß Alice, wie sich herausstellte, jung, hübsch. Er war zum Fenster getreten, hatte hinausgeblickt und schweigend geraucht. Dann hatte er sich jedoch plötzlich umgewandt und hatte sie genommen, ohne ein Wort zu sagen. Er wollte sie bezahlen, doch sie machte sofort ein todernstes, abwehrendes Gesicht, schüttelte entschieden den Kopf. Küsste ihn schließlich flüchtig und ging. Er ließ sich zurück auf die schmutzigen Decken fallen und griff nach dem Zigarettenpäckchen.

Einen Tag später verließ er die Pension und stieg in den nächstbesten Zug, endlose Bahnfahrt. In den Süden. Er schlief oder dämmerte vor sich hin. Er dachte, er sei krank. Kurz vor Rom bot ihm jemand eine Branntweinflasche an. Er machte einen riesigen Schluck und brachte das Zeug nur mit Mühe hinunter, der fette Reisende gegenüber grinste, nahm die Flasche zurück und verschloss sie sorgfältig.

Als sie draufkamen, dass sie beide kümmerlich Französisch konnten, unterhielten sie sich und radebrechten mit gewissen Schwierigkeiten über Bahnfahren und Reisende, über Italien im allgemeinen, Politik, Wirtschaft, Kunst, der

14

Mann musste so etwas wie Industrievertreter sein, jetzt eine Menge zu tun, der Gestik nach zu schließen. Familie in Milano, bella, fünf Kinder, soviel verstand er, Mamma hatte Roma so sehr geliebt, jetzt tot (?), eines der Bambini schrecklich krank, Wetter in der letzten Woche scheußlich, fürchterlich freddo.

Die Schulter schmerzte. Er richtete sich auf und ging die paar Schritte hinüber zur Andenkenbude. Ansichtskarten, Schlüsselanhänger, Kugelschreiber, Toledoarbeiten, Trachtenpüppchen. Jemand ergriff seinen Arm.

„Sind wir nicht Landsleute ?"

Er drehte sich um.

Der Mann vor ihm lächelte, sagte, er habe nämlich eine große Bitte, lächelte mit starrem Gesicht, er wolle auf den Tibidabo, er habe ihn schon öfter am Strand gesehen, er sei meist am Vormittag dort.

Er antwortete nicht und sah den Mann an.

Man sähe ihn immer gleich nach dem Frühstück.

„Sind Sie sicher ?"

„Und wohnen im Don Pancho !"

„Ausgezeichnet."

Er sei ihm richtig aufgefallen.

Er wandte sich ab.

Der Mann lief ihm eilig nach, man müsse sich natürlich erst einmal vorstellen, entschuldigte er sich verlegen, er heiße Robert, Robert sei sein Name.

Er blieb abrupt stehen und sah dem Mann ins Gesicht.

Robert lächelte verbindlich und errötete und bat zögernd, umständlich, mit viel Handbewegung, vielleicht könne er ihm sagen, wie er von hier aus auf den Tibidabo komme.

„Nehmen Sie ein Taxi. Der Fahrer weiß alles."

15

Sie gingen nebeneinander.

Ob es nicht auch eine Metro dorthin gäbe.

„Nehmen Sie die Metro."

Robert schwieg, versuchte Schritt zu halten, meinte dann plötzlich, es sei ganz wahnsinnig heiß heute, nicht?

Er lächelte.

Robert setzte fort, man solle bei so großer Hitze auch nicht gerade in eine solche Stadt fahren.

Er blieb am Straßenrand stehen und schaute nach links. Ein Lastwagen, blaue, graue, schwarze Autos, dann ein Taxi. Er riss die rechte Hand hoch und winkte heftig. Das Taxi blieb vor ihnen stehen, um die Mitte der gelbe Streifen im schwarzen Feld.

„Da haben Sie Ihr Taxi auf den Tibidabo", sagte er.

Robert sah ihn verblüfft an. Senkte den Kopf, schüttelte den Kopf, sagte, er habe es sich überlegt, er wolle jetzt nicht auf den Tibidabo.

„Dann nicht." Und er öffnete den Schlag, setzte sich, schlug die Tür zu, sagte zum Fahrer „Plaza de Cataluña", grinste aus dem Fenster und winkte dem anderen zu.

Das Taxi ordnete sich in den Verkehrsstrom ein. Er sank tief zurück in die Polsterung. Er schloss die Augen, hörte die dröhnenden Geräusche der Straße, zerflatternden Lärm. Verwischte Stimmen an einer Kreuzung. Er dachte an das Mädchen, ihre Lippen, ihren Körper, ihre Stimme. Wie sie ging und wie sie lachte. Er erinnerte sich an sie. Wie sie ihn rief und wie sie etwas sagte. Wie sie ihm etwas zeigte, weit entfernt, laut lachte, den Arm gerade ausgestreckt. Undeutliche Kreise und Linien und Punkte vor seinen Augen, in ständiger Bewegung, in Aufruhr.

In der Sonne war es warm. Farben auf den Beeten, Grün des Grases, der knirschender Sand unter seinen Füßen, der abbröckelnde Anstrich auf den Bänken, sämtliche Bäume in peinlichgenauer Ebene beschnitten, kaum Leute auf den Wegen. Er setzte sich. Das leere Bassin des Brunnens. Dunkle Verästelungen und Risse im verbrauchtem Stein. Er zündete sich eine Zigarette an und steckte die Packung und die Zündhölzer in die Manteltasche, nahm einen tiefen Zug, beobachtete den Rauch und schloss die Augen, lehnte sich zurück.

Ein Windstoß und das Zerren an seinem Mantel. Die Asche der Zigarette war auf den Stoff seiner Hose gefallen. Er putzte sie sorgfältig weg, es blieb ein grauer Fleck. Er starrte auf die Glut der Zigarette. Das Rot unter dem Verglimmten, brauner Rand gegen das weiße Papier, der dünne Faden Rauch, der nie stillstand, doch, jetzt, und wieder bewegt und kringelnd und zerstoben und aufgelöst. Und dann war die Glut verschwunden, und er schnippte die Asche herunter und beobachtete von ganz nahe. Rauch brannte in seinen Augen. Und er hielt den Daumennagel vor die Glut und die Augen voll Rauch, und er empfand die Wärme der Glut, und er blinzelte mit den Augen, und die Glut wurde heiß auf dem Nagel, Asche fiel auf seine Kleidung, er presste die Glut gegen den Nagel, stöhnte tief auf und ließ die Hände sinken. Schwebte schwerelos. Dann empfand er Schmerz, mit dem Handrücken säuberte er Mantel und Hose, zog sein Taschentuch heraus und putzte über den Daumennagel. Zuckte zusammen. Dann stand er auf und verließ den Park. Gleichgültig.

Schrille, grelle Musik aus den Lautsprechern, vibrierende, stampfende, träge Körper, ihre schweißnasse, nahe Haut eingekeilt zwischen den anderen, der sinnliche Geruch ihres Haars, Gitarre, der Sänger, Rhythmus, zwischen ihren Brüsten Schweißtropfen, er drückte das Gaspedal durch und warf den Kopf zurück, ihr Haar flatterte im Fahrtwind, die Augen halb geschlossen, er nahm die Kurve, bremste abrupt, sie fiel nach vor, er küsste sie heftig, du bist ein Narr, sagte sie und setzte sich voll Angst zurecht, er gab Gas, und sie fiel nochmals hart nach vor, und er lachte und schrie, ich liebe dich, ich liebe dich, ich liebe dich so sehr, und die Reifen surrten, Kurven, das Aufjaulen des Motors, die Straße holprig, Holzumzäunungen der Wiesen, die Scheinwerfer voll aufgeblendet, neben dem Straßengraben weiß aufleuchtende Kilometersteine, er schaltete das Radio an, ein Klavierkonzert, sie hielt sich am Sitz fest, der Orchestereinsatz, er schrie laut auf und schrie mit dem Orchester mit, schrie gegen die Musik, Kurven, weit vorne blendende Leuchtreklame, Schreien und Musik, der harte Aufprall, der höllische Lärm und das Zerschmettern des Autos, Trümmer, Gestank, das rote, grüne, zuckende Licht, ihre wippenden Brüste tanzten im Rhythmus, die Hüften kreisten, sie keuchte, beugte sich vor, küsste ihn schallend, sie tanzten weiter, tosende Musik, ihr Abendanzug ließ den glatten Bauch und den kreisenden Nabel frei, er war in den Tunnel gerannt und keuchte und taumelte und tastete sich vorwärts, stolperte, riss sich Haut an den Händen und im Gesicht auf, wankte weiter, fiel, rannte, keuchte, lehnte sich an die Wand und wartete, legte sich auf den Boden, atmete laut, sprang auf und lief weiter in den Tunnel, gehetzt, hörte die Geräusche des Zuges leise hinter sich, blieb stehen, lauschte angestrengt, zitterte am ganzen Körper, ließ sich plötzlich fallen, sprang wieder auf, hastete weiter, stolperte und schlug gegen die Wand, der Tunnel begann laut zu dröhnen, er keuchte heftig, lief, lief vorwärts, das Dröhnen schmerzte, er presste die Handflächen gegen die Ohren, Lichtschein, das Dröhnen in seinen Ohren wurde unerträglich, sie schmiegte sich an ihn, und er fühlte ihre vibrierenden, feuchten Schenkel, ihre Zunge, sie lachte wild auf, stampfte im Rhythmus, weiße Zähne hinter den weit geöffneten Lippen, zurückgeworfener Kopf, ihr Körper zuckte, er setzte sich lässig auf den Hocker in der Küche und wickelte Rasierklingen aus, er hatte gleich vier Packungen gekauft, schob die Papierfetzen fort und schenkte sich Whisky ein, trank, schob den Hemdsärmel hinauf, nahm eine Klinge und presste die Finger der linken Hand zur Faust, beobachtete die Adern, strich mit der Fingerspitze leicht darüber, setzte die Klinge an und öffnete die breite Ader, starrte teilnahmslos auf das Blut, er öffnete die Faust, und weniger Blut drang nach, er schloss die Faust wieder, krampfte die Finger zusammen, schnitt andere Adern auf, zuckte plötzlich zusammen und warf die Klinge von sich, presste Zunge und Lippen auf die Wunde, nahm gleichgültig eine neue Klinge und schnitt weiter, ließ den Arm endlich hängen und trank das Glas mit dem Whisky leer, schenkte sich neu ein und prostete sich laut zu, schnitt die Adern des rechten Armes auf, zitterte und konnte die Klinge nicht gerade führen, versuchte, die Adern aufzuschlitzen, lächelte, ihr Körper drängte sich an seinen, seine Hand auf ihrer Hüfte glitt hinab, langsame, schwüle Musik, düstere Beleuchtung, die Hitze zwischen ihren Schenkeln, ihr schrilles, wildes Lachen, die glatte Haut ihres Bauchs, ihre Bewegungen, sie presste den Unterleib gegen ihn, ihr Keuchen und Aufschreien, er beugte sich halb über das Brückengeländer und spuckte ins Wasser, die träge braune, sich wälzende Masse, er zündete sich eine Zigarette an und warf die halbvolle Packung mit einer plötzlichen Bewegung in die Fluten hinunter, beugte sich nochmals über das Geländer, streckte den Arm mit dem Feuerzeug weit hinaus, löste die Finger, das Feuerzeug fiel in die Tiefe, er sah sich um, die Brücke völlig leer, er kletterte auf das Geländer, balancierte, nahm einen tiefen Zug aus der Zigarette, warf die Zigarette in hohem Bogen auf die Straße, schwankte und verlor das Gleichgewicht, Wind in seinem Gesicht, sie strich sich das Haar aus der Wange und zwinkerte ihm zu, schrille Musik, betäubender, bizarrer, zermürbender Rhythmus, Schweiß auf ihrem Nabel, sie lachte, küsste ihn mit weichen, feuchten Lippen, ihre Brüste, die Haut, der Geruch ihres Körpers, aufwühlende, harte verzerrte Klänge, sie warf den Kopf zurück, Haar auf ihren zuckenden Schultern, weit geöffnete Lippen, geschlossene Augen, keuchender Atem, Rhythmus, ihre Hand lag auf seinem Geschlecht.

Er schreckte hoch, als der Fahrer scharf hielt. Der Fahrer blickte ihn an. Er wühlte in der Hosentasche und gab ihm einen Geldschein. Der Fahrer nickte freundlich und sagte etwas, das er nicht verstand. Er murmelte hastig „Adios" und stieg aus.

Er bog ab in die Seitengasse, blieb vor Auslagen stehen, Bonbons, Torten, dann Bücher, Zeitschriften, Bekleidung, Hausrat, er schlenderte weiter, beide Hände in den Hosentaschen vergraben. Die Passanten. Gedrungene Gestalten, verschlossene, mürrische Gesichter, stumpfe Blicke. Kaum Frauen. Vor ihm das Café.

Schatten unter der Plane. Er nahm an einem der leeren Tische Platz. Begann zu rauchen, bestellte Coca-Cola. Sah auf die Autos, die in der Hauptstraße vorbeiglitten. Am Tisch nebenan diskutierten Spanier. Das amerikanische Ehepaar besetzte den Tisch vor ihm. Der Kellner kam sofort, und der Amerikaner wünschte Wein, sie Eis. Sie hatten Schwierigkeiten bei der Bestellung, und der Kellner deutete immer wieder auf die große, silbrigglänzende Espressomaschine im Innern des Lokals. „Da bin ich wieder !"

Er blickte auf. Robert stand mit hängenden Schultern vor ihm. Verlegen. Fragte schüchtern, ob er sich setzen dürfe.

Er musterte ihn spöttisch. Rauchte. Zuckte die Achseln.

Robert rückte den Stuhl umständlich zurecht. Bekam ein rotes Gesicht. Setzte sich, legte die Ellbogen auf den Tisch. Verschränkte die Finger ineinander.

Er stieß die Zigarettenpackung zu ihm hinüber. Blickte auf

die Straße, auf die Touristen, die am Café vorbeigingen und manchmal herübersahen. Autos auf der Hauptstraße vorne. Ein kleiner Junge an der Hand seiner Mutter.

Robert schob den Kopf vor.

Der Kellner kam, Robert deutete rasch auf die Coca-Cola-Flasche, der Mann nickte flüchtig und verschwand.

Robert: „Ich muss mich entschuldigen. Aber ich wollte bloß einmal mit Ihnen ins Gespräch kommen."

Die Spanier diskutierten sehr heftig, und er versuchte ihr Thema herauszufinden. Der Mann mit dem einfältigen Gesicht nickte immer, nickte bedeutungsschwer und hob jedes Mal sein Glas und trank. Der Mann, von dem er nur den Rücken sah, sagte etwas, worauf alle verstummten. Er hatte nicht verstanden, was gesagt worden war. Er wünschte, sie mögen vom Tod sprechen, von der Leidenschaft zum Tod, von der Melancholie des Todes, von den Stieren, die stellvertretend starben. Der Mann mit dem einfältigen Gesicht trank.

Robert sagte: „Sie sollten wirklich kommen."

Er sah ihn an.

„Hören Sie mir nicht zu ?"

Er musterte ihn.

„Ich meinte, vielleicht hätten Sie Lust, heute Abend in das Lokal in der alten Festung zu kommen. Wir sind um elf Uhr dort. Nach dem Abendessen."

Der Spanier, der bisher geschwiegen hatte, sagte leise etwas. Der vierte Mann murrte und hob den Arm, erstarrte in der Geste, sah den Sprecher herausfordernd an. Der Mann mit dem einfältigen Gesicht lachte laut heraus, wurde ganz ernst, öffnete den Mund, als wolle er etwas sagen, setzte aber ab. Hob resigniert das Glas.

Er blickte Robert lächelnd an.

„Ich wollte Sie wirklich nicht überfallen oder unhöflich sein", beteuerte Robert.

Die Amerikaner bezahlten. Der Kellner nahm das Geld gleichgültig, nickte, als er Trinkgeld bekam, stellte das Glas und den leeren Becher auf das Tablett, nahm alles in die linke Hand, wischte mit dem Tuch über den Tisch, sah auf die Straße, trug das Tablett hinein zur Theke. Wechselte ein paar Worte mit dem Mann hinter der Theke.

„Um elf Uhr", sagte Robert eindringlich.

„Machen Sie schon lange Urlaub hier ?" fragte er.

Robert wiegte den Kopf, erklärte, es sei leider kein richtiger Urlaub, wäre zu schön, er sei hier für einige Wochen im Auftrag seiner Firma eingesetzt.

„Und da kennen Sie nicht einmal den Tibidabo ?"

Robert sah ihn hilflos an.

Den Platz, auf dem die Amerikanerin gesessen war, nahm ein junger Bursche ein, rief nach dem Kellner, schlug die Beine übereinander, entfaltete die Tageszeitung, die er aus der Sakkotasche geholt hatte, begann zu lesen.

Er sah Robert an.

Robert hielt das Glas in der Hand, setzte es ab, lächelte. Sagte: „Ich habe mich vorgestellt – und wie heißen Sie ?"

„Mark."

Der Spanier mit dem Rücken zu ihm sprach. Er hörte zu, aber er konnte ihn nicht verstehen. Mögen Sie endlich über den Tod sprechen, wünschte er, von den glühenden Nachmittagen, von den verdorrenden Feldern, von Liebe und Tod, von der Hingabe zum Tod. Er wünschte es sich. Der Mann mit dem einfältigen Gesicht hatte eine breite Narbe seitlich am Hals.

„Wahrscheinlich bin ich Ihnen nur ungeheuer lästig, Mark",

bemerkte Robert. „Sagen Sie es ruhig. Ich tauge nicht für Gesellschaft. Aber Sie gefallen mir so sehr, dass ich Sie einfach ansprechen musste."

Der Kellner brachte dem Mädchen eine üppige Eisportion, sah über sie hinweg, blickte zu der diskutierenden Gruppe, schlug nachdenklich mit dem Tablett gegen seinen Oberschenkel, musterte flüchtig alle Tische.

Er winkte dem Kellner, kramte ein paar Münzen aus der Hosentasche, bezahlte.

„Um elf Uhr", sagte Robert leise.

Er langte nach Zigarettenpäckchen und Feuerzeug, steckte beides ein. Stand auf.

„Es tut mir leid", beteuerte Robert. Blasses Gesicht. „Es tut mir wirklich leid."

Mark lachte. Ging am Tisch der Spanier vorbei. Der Kellner grüßte, er nickte zurück. Blickte auf die Uhr. Ein beleibter Herr kam ihm keuchend entgegen. Der Autobus würde in neun Minuten abfahren.

Vorne ein Gewimmel von Touristen. Er stellte sich an die Schlange der Wartenden. Zwei ziemlich stark geschminkte Mädchen in engen Hosen tuschelten und plapperten durcheinander. Der Mann mit dem schmalem Bart über der Lippe und Stadtplan in der Tasche sah nervös umher.

Er bekam einen guten Sitzplatz ganz hinten. Er kauerte sich zusammen. Stimmengewirr. Schließlich fuhr der Bus ab. Neben ihm ein aufgedunsener Mann mit Zeitung. Die öden Häuserfronten glitten vorüber.

Das Paar vorne unterhielt sich halblaut. Er schloss müde die Augen. Das Paar flüsterte miteinander.

Da war das Mädchen, mit dem er lachend die Sokratous hinaufgegangen war. Sie kam auf ihn zugelaufen, den Kopf zurückgeworfen, wehendes Haar, ihr ganzer Körper tiefbraun, blieb keuchend vor ihm stehen, bettelte, den Stein in seiner Faust sehen zu dürfen. Beugte sich aufmerksam über seine sich öffnende Hand und fiel ihm um den Hals und nahm seine Hand und zog ihn mit sich, und sie liefen über den Sand, und sie lachte, und Sand flog hinter ihren Fersen auf.

Wie er in den Weinladen neben der Dionysos-Bar getreten war. Der Grieche mit den schlecht rasierten Wangen, dunkelroter, zerschlissener Pullover, das Gestikulieren, hinter dem Vorhang Bouzouki-Musik aus dem Radio. Der Grieche wischte mit der Hand über das Pult und stellte ihm ein Glas hin und goss aus einer halbvollen Flasche ein und deutete den Wohlgeschmack an, mit den Fingern beim Mund und aufgerissenen Augen. Er nippte. Stellte das Glas zurück und schluckte langsam. Brummte übertrieben genießerisch, der Grieche lächelte, goss nach, er schüttelte die Hand verneinend, deutete auf die vollen Flaschen mit dem gleichen Etikett. Bouzouki hinter dem Vorhang. Der Grieche rollte zwei Flaschen in Papier ein und wies mit .dem Daumen auf seine Brust. Er schlug ihm auf die Schulter und machte nochmals die Geste des Wohlschmeckens. Der Grieche grinste übers ganze Gesicht und packte ihn an beiden Schultern, wies nach hinten und begann Tanzschritte anzudeuten. Er kramte in der Tasche und hielt ihm eine Handvoll Münzen hin. Der Grieche nahm zwei davon und tippte grüßend an die Stirn.

Und er ging mit ihr die Sokratous hinauf, die Moschee oben, die offene Flasche Rotwein fest am Hals gepackt. Zu beiden Seiten beleuchtete Souvenirläden, Juweliere, Antiquitäten. Er nahm einen Schluck und hielt ihr die Flasche lachend hin. Sie gingen an der Moschee vorbei, links die Weinkneipe „Romantica", er lächelte hilflos, der Wirt sah ihnen nach, wie sie in das Dunkel der Burgmauer tauchten, er hob grüßend die Flasche, doch der Wirt reagierte nicht.

Sie klammerte sich um seine Hüfte. Durch den Torbogen, unter dem bei Tag der Krüppel mit seinen Süßigkeiten und dem verschmutzten Weib saß. Die holprige Pflasterung. Sie stolperte. Er küsste sie und ließ sie los und hob breitspurig stehend die Flasche und trank. Sie gingen über die Brücke, bogen ab, links das Hotel mit Getriebe zwischen den beleuchteten Bäumen, gingen die Venizelou hinauf, er pflückte eine der roten Blüten und wurde gelb vom Blütenstaub und steckte sie ihr ins Haar, und die Blüte fiel auf die Straße, und sie kamen zu dem verfallenen Wehrturm, und er sprang über das zerbröckelte Gestein hinauf und setzte sich auf die zweite Stufe und blickte auf sie hinunter. Sie machte eine Geste, er solle springen.

Sie lief hin zu ihm, setzte sich lächelnd neben ihn auf den Felsbrocken. Rückte umher, legte schließlich den Arm um seine Schultern, zog seinen Kopf zu sich. Er stieß sie weg, zog die Beine an, schlang die Arme um seine Knie. Das Meer weit draußen. Inseln. Sie weinte. Schimmern auf dem Meer. Der Anprall der Wogen auf den Felsen. Das unentwegte Brausen. Zerklüftete Trümmer. Und da war der alte Mann mit dem zerfurchten Gesicht und lächelte. Und das Gesicht war sein eigenes, und die Lippen pressten sich schmal aufeinander.

Vor ihm das Meer. Die dunkle Gebirgskette der Insel. Das Geräusch der Brandung. Er stand auf und ging und drehte sich um und betrachtete seine Spuren im Sand und ging weiter über die flachen Steine, und das Wasser schlug über seine Knöchel, und er beugte sich vor und benetzte seine Hände, und eine Woge kam, er torkelte, hielt sich, wurde auf die Vielfalt der angeschwemmten Steine aufmerksam. Er las zinnoberrote auf, einen schwarzen mit weißen Streifen, einen dunkelgrünen, eigenartig kugelig geformt. Er hatte schon eine ganze Handvoll. Und er richtete sich auf, und da war das Meer mit den weißen Schaumkronen.

Er schrak auf und wusste, dass er wohl eingeschlafen sein musste. Er legte die rechte Hand über die Augen, hörte die wirren Stimmen der Fahrgäste, Geräusche des Autobusses. Er blickte auf. Neben ihm, den Rücken zugekehrt, der beleibte Mann, der über den Gang hinweg mit einer Frau sprach. Er sah benommen zum Fenster hinaus. Dann schloss er die Augen. Er fühlte sich sehr einsam.

Er kauerte sich in die Ecke seines Sitzes, ganz zum Fenster, spürte das Stoßen während des Fahrens. Er senkte den Kopf, die Arme über den Körper gekreuzt. Er fühlte, wie er heftig schwitzte, rührte sich nicht. Er dachte an den nassen Morgen auf den Feldern. Das Gras tief niedergebeugt und die Blüten schwer beladen. Pilze eng an die feuchte Erde geschmiegt, verborgen zwischen den Halmen und weiß und hart. Und später die gleitenden Schatten der Wolken auf den Feldern, die Sonne, die manchmal durchbrach und die Grenzen der Schatten verwischte, der Wind, der kalt um die nassen Finger spielte. Sein Freund Jean, der vor ihm auf dem Weg ging und ihn durch die Stämmewildnis und das Unterholz führte. Eine Lichtung mit braunroten Rindenstücken und Ästen und morschen Splittern und Baumstümpfen und Moder. Holzfäller, sagte Jean. Und das dichte, hohe Gras, durch das der Wind lief und in dem man sich gut verbergen konnte und das den Duft des Sommers berauschend ausströmte.

Mit Jacqueline hierher. Ihr kleiner brauner Körper und die Augen mit den erstaunten Fragen, als er mit der Hand über ihren flachen Bauch strich. Der Geruch glatter, geschmeidiger Schenkel und der Geruch sich biegender Halme. Und die Vögel und das Rauschen der Äste. Erde und Pflanzenteile klebten an ihrer Haut. Und er kletterte auf einen der hohen Bäume und rief, komm doch auch herauf, und sie versuchte es, komm doch. Und einmal, als er allein den Weg hinter den Häusern eingeschlagen hatte, sah er die zerwühlten, aber fein säuberlich hinterlassenen Reste eines Huhns, das Beute eines Bussards geworden war. Die auf einer Stelle verstreuten Federn, der Leib aufgebrochen, Fetzen herausgerissen, Blutflecken im Gras, im engen Umkreis. Er war damals niedergekniet und hatte das Skelett des Tieres betastet. Und da war der Mann, der mit dem Rücken auf der Landstraße lag und schwer atmete, röchelte, Blutspritzer auf Lippen, Kinn, Backen und Hals. Schmale, dunkle Striche auf der pergamentartigen Haut mit den Bartstoppeln. Die Augen geschlossen, Schweiß und Schmutz in den Haaren, den Kopf unnatürlich weit zurückgebogen, die Knie halb angezogen, der Unterleib in stetem heftigen Zucken.

Es dunkelte. Der Autobus war am Ziel. Er drängte sich mit den anderen Fahrgästen mühsam heraus, schlenderte die Straße hinunter. Bog in den Seitenweg ab, kam zum Hotel. Er ging hinauf und wusch sich, stellte eine Flasche Wein in das Waschbecken, ließ Wasser darüberlaufen, starrte vor sich hin. Schließlich sah er auf die Uhr und ging hinunter essen. Die Tische voll besetzt. Es wurde ihm serviert, er achtete nicht darauf, er bestellte Wein.

Hernach trat er vor das Hotel und entschied sich, den Weg hinunter zum Strand zu nehmen. Aber unterwegs bog er ab und setzte sich in eine Kneipe und trank. Hier saßen fast ausschließlich Spanier, bloß an einem Tisch Ausländer, Schweden. Sie gingen, als er sein zweites Glas zur Hälfte geleert hatte. Er stützte den Kopf auf den Ellbogen. Einer der Gäste rief nach dem Wirt. Elf Uhr, dachte er. Strich sich über die Augen. Er trank und sah auf die Uhr. Der Spanier neben ihm erzählte etwas. Er verließ die Kneipe.

Rote Beleuchtung, Zigarettenqualm und Lärm, als er die Tür aufstieß. Der Trompeter der Band nickte ihm einladend zu und setzte sein Instrument beherzt an die Lippen. An den schwarzen Wänden Tische mit Kerzen, in der Mitte des Raumes ein paar Tanzende, links ganz hinten die mit vielen

Gästen umlagerte Bar. Sie spielten mexikanische Folklore.

Er stieg auf einen der hohen Hocker und bestellte Sangría, die Blondine neben ihm paffte zaghaft aus ihrer Zigarette und musterte ihn, tief dekolletiert. Er grinste den Keeper an, der die Augenbrauen aufzog und den Kopf wiegte.

„Zauberhaft", sagte er zur Blonden.

Sie zuckte die Lippen und wandte sich ab.

Der Keeper zwinkerte ihm zu und zuckte bedauernd die Achseln, schnitt eine Grimasse, nahm eine Flasche vom Bord und goss zwei Gästen ein.

Er betrachtete die Orangenscheiben in seinem Glas und trank. Dann tippte er der Blonden auf die Schulter. Als sie den Kopf zu ihm drehte, hielt er ihr das Glas hin. Sie sah hilflos auf das Glas.

Er fragte sie auf englisch, ob sie Sangría kenne.

Sie antwortete, sie sei Dänin, und sie würde ganz bestimmt gerne einen Schluck probieren, sie lächelte, hatte hellblaue Augen, volle Lippen, beachtliche Brüste. Sie sprach die paar Worte unzusammenhängend. Bunte Plastikkugeln um ihren Hals. Sie trank aus seinem Glas und sah ihn dabei an.

„Und jetzt bin ich an der Reihe !"

Die junge Frau trat vor, nahm der Blonden das Glas aus der Hand und lachte ihn an, erhob das Glas gegen ihn und trank. „Tanzen Sie mit mir ?" fragte sie.

Er sei beschäftigt, antwortete er.

Die Blonde zog die Augenbrauen zusammen.

Die junge Frau wartete.

Er stellte das Glas vor die Blonde auf die Theke, stieg träge vom Hocker und folgte der jungen Frau zu den Tanzpaaren. Minihänger, apfelgrün. Sie drehte sich um, lachte, blickte ihm in die Augen, grinste.

„Sie haben eine faszinierend schlanke Figur", sagte er.

„Ich heiße Annie."

Er spürte ihr Parfüm, ihr Haar nahe seiner Wange, die Trompete wurde melancholisch, traurig, sentimental. Sie sah ihn an. Er sagte, offenbar hätte er heute Geburtstag. Und wiegte den Kopf dabei. Sie lächelte.

„Sie wollten sich mit Robert treffen", sagte sie.

Er blickte sie verwundert an.

Sie lachte. „Er sitzt dort drüben und wartet sehnsüchtig auf Sie.«

Er sah ihr ins Gesicht.

„Sie können mir das ruhig glauben", sagte sie.

„Lieber ginge ich mit Ihnen an die frische Luft."

„Sie meinen, wir hätten die Nacht für uns ?" zwinkerte sie und strich über seinen Arm.

Er küsste sie plötzlich und hielt sie fest an sich gepresst.

Sie machte sich los und lachte: „Ich bin seine Frau !"

Er schwieg.

Sie lachte laut heraus.

Sie führte ihn an den Tisch. Robert stand auf und strahlte. Er habe sie geschickt, erklärte er, damit Mark leichter zu ihnen fände. Strahlte.

Er setzte sich.

„Das ist Annie, meine Frau", sagte Robert.

Er bestellte Jerez, obwohl Robert auf Sekt bestand.

Er sah Annie an, wie sie sich bewegte, ihre schmalen, zarten Hände, apfelgrüner Stoff auf den Schenkeln. Gab manchmal Antwort auf die Fragen Roberts, der gesprächig war und guter Laune, überglücklich. Sie hatte große Augen, die Lider grün geschminkt.

Er lehnte sich tief zurück in den Sessel, rauchte, bestellte nochmals Jerez. Er dachte nach. Sah hinüber zur Bar, wo er neben der blonden Dänin gesessen war. Sie war jetzt fort. Er dachte an das Mädchen, mit dem er im Sommer in einem Weinberg übernachtet und am frühen Morgen das überfahrene Getier auf der Landstraße betrachtet und dann in einem Plastikbeutel mitgenommen hatte.

Er suchte Annie im Getümmel. Da wurde es hell, und sie kam mit Robert zurück zum Tisch.

Robert erzählte vom Hotel und legte den Arm um Annies Schultern. Ihr Kleid aus dünnem Stoff, darunter die Konturen ihrer vollen Brüste, zarte Schultern. Ihre Augen. Sie lachte und sprach und rauchte und nippte nachdenklich an ihrem Glas, während sie Mark ansah. „Waren Sie schon im Weinkeller von Llagostera ?" fragte Robert.

Sie bog den Kopf zurück und stieß den Zigarettenrauch aus. Lächelte ihn an. Der Rocksaum bedeckte kaum ihre zierlichen, zart gebräunten Schenkel. Sie wippte mit dem Bein, als Robert sprach. Sie lachte und stieß mit Mark an.

„Wir müssen auf Bruderschaft trinken", schlug Robert vor.

„Auf ewige Bruderschaft", stimmte er müde zu.

Sie berührte seine Wange kaum mit den Lippen, und er sah sie an, und sie küsste ihn heftig.

„Sie will immer gleich eine ganze Menge erleben", bemerkte Robert und blinzelte Annie an. „Sie kann einfach nicht genug Gesellschaft kriegen."

Er rauchte.

Robert sprach weiter, sie sei unverschämt hübsch, nicht wahr, er sei riesig stolz auf seine Frau. Das Kleid hätten sie übrigens erst heute gekauft. In Barcelona. Die niedlichen Schuhe auch. Passten ihr so großartig.

Sie lächelte Mark an.

Er sah zum Trompeter hinüber. Robert qualmte mit seiner Zigarette. Allmählich leerte sich das Lokal. Der Trompeter trank Wein aus einer Flasche und blickte dabei wie abwesend in die Runde.

Robert erzählte, vorgestern seien sie sehr zeitig in der Früh aufgestanden und hätten die Fischer beobachtet. Wie sie mit ihrem Fang ankamen. Am liebsten wäre Annie zu ihnen hinunter an den Strand gelaufen.

Es wurde dunkel in dem Lokal, rotes Licht. Annie stand plötzlich hinter Mark und sagte zu Robert, sie spiele ihm jetzt einen Streich und werde ihn betrügen. Und fasste Mark am Arm, zog ihn zur Tanzfläche. Robert lachte und gestikulierte, hob sein Glas und trank ihnen zu, war jetzt völlig betrunken.

Sie drängte sich zwischen den Paaren durch und ging auf den Eingang zu. Drehte sich nach ihm um.

Er sah sie an. Sie stieß die Tür auf. Er folgte ihr. Die kühle Nachtluft schlug angenehm ins Gesicht.

„Sie verkühlen sich", sagte er.

Sie lachte, trat auf ihn zu, umarmte ihn, schmiegte sich an ihn, er hielt sie fest, und da waren ihre weichen Lippen und ihre Zunge. Sie küsste ihn leidenschaftlich, er presste sie an sich, drängte ihren Kopf zurück, küsste sie auf Hals und nackte Schultern.

Sie lachte.

„Du bist hübsch", sagte er.

„Und ich habe sogar fast nichts an", kicherte sie.

Er legte den Arm um ihre Hüften.

„Wie spät kann es sein ?" fragte sie.

Sie gingen nach rechts, zum Museo, dann die Steinstufen zu den Burgzinnen hinauf.

Sie lehnte sich über eine der Nischen und rief: „Die Lichter, siehst du die Lichter der Fischerboote ?"

Sie zog die Schuhe aus. Sprang die Stufen hinunter, lief den Weg in die Villa Vella hinein.

Sie lachte hell auf, fasste seine Hand und zog ihn hinter sich her. Sie liefen zwischen den alten Häusern hindurch, er stolperte. „Die Lichter der Fischerboote !" rief sie.

Sie kamen auf den freien Platz, und sie lief neben ihm. Sie gingen den Weg zu den alten Kanonen. Unten das Meer, schwarzblaue Fläche, ein paar Lichter. Sie stützte sich auf eine der Kanonen, blickte hinaus auf das Meer. Er beobachtete sie. Sie wandte ihm das Gesicht zu.

Er konnte im Meer die Strömungen erkennen. Seitlich der Turm, eine düstere Silhouette. Halt mich fest, bat sie.

„Du bist zierlich", sagte er.

Sie lehnte den Kopf zärtlich an ihn. Umarmte ihn mit einer plötzlichen Bewegung. Unter dem Stoff ihr zarter, nackter Körper, seine Hand auf ihrem Oberschenkel. Sie küsste ihn, zog ihn an sich. Seine Hand unter ihrem Kleid, auf ihrem glatten, nackten Rücken. Sie schmiegte sich an ihn, küsste ihn immer wieder, drängte ihren Körper stürmisch an ihn. Er ließ sie los.

Sie gingen den Weg hinauf, zu den verfallenen Mauern, sie warf die Schuhe ins Gras, lachte. Er strich über ihren Körper, ihre Schenkel, die Brüste, sie wand den Körper in seinen Händen, er spürte ihren heftigen Atem. Sie küsste ihn auf den Hals. Er strich die Träger ihres Kleides von ihren Schultern, das Kleid glitt an ihrem Körper entlang und fiel zu Boden. Er sah ihre Brüste, ihren Bauch, den Nabel, das winzige Dreieck ihres Höschens. Apfelgrün. Sie lachte und bog ihm ihren Unterleib entgegen. Er schob ihr Höschen bis zu den Knien, sie strampelte lachend, das Höschen fiel zu Boden. Sie war völlig nackt, und er strich mit der Hand über ihre Brüste und spürte auf seinen Fingern ihr feuchtes Geschlecht. Er bog sie zu Boden.

Sie hatte die Augen geschlossen und keuchte und bewegte sich heftig unter ihm, und er stieß zu und drang tief ein in sie und stieß zu und stieß tief und heftig zu und spürte sie heiß und nass und tief. Sie schrie auf und stöhnte, bewegte sich noch einmal, keuchte und atmete tief aus.

Sie raffte Kleid und Höschen lächelnd an sich und stand auf, zog das Kleid über sich. Er fasste nochmals unter dem Kleid zwischen ihre nackten Schenkel, und sie stöhnte und bog sich ihm entgegen. Er rieb über den Eingang ihres nassen Geschlechts, und sie schrie auf. Er presste sie mit aller Kraft an sich.

Sie lösten sich voneinander, und sie sah ihn immer lächelnd an, während sie ihr Höschen anzog. Seine Hand spielte und streichelte über ihre Brüste.

Sie hielten sich an den Händen und suchten gemeinsam nach den Schuhen im Gras. Bei der Kanone angelangt, blieb sie stehen und lächelte.

Sie gingen den Weg hinunter zum Strand, vorbei an dem Turm. Sie zog die Schuhe an, küsste ihn. Sie liefen das steile Stück hinunter.

Vor ihrem Hotel sagte sie leise, natürlich müsse er morgen, heute, unbedingt zum Strand kommen.

Er nickte, und sie lachte und gähnte, stieß die Tür auf und zwinkerte ihm zu.

Er ging den Strand entlang zu seinem Hotel.

Er musterte sich im Spiegel, nahm die Flasche Wein aus dem Waschbecken und öffnete sie, stellte sie neben das Bett und ging sich duschen.

Freitag 15. August

ALS ER ERWACHTE und auf die Uhr sah, stellte er fest, dass er die Frühstückszeit im Hotel versäumt hatte. Er zog sich langsam an. Stimmen klangen von der Straße herauf.

Sie lag genau dort am Strand, wo er sonst immer seinen Platz gehabt hatte.

„Wir dachten wirklich schon, du kämst heute überhaupt nicht mehr", sagte Robert.

„Wie könnte ich."

Annie richtete sich auf, ein sehr knapper, reizvoller Bikini, apfelgrün. Ihr zierlicher Körper.

„Vorliebe für grün", knurrte Mark.

„Ich trage sogar grüne Höschen", verlautete Annie und sah dabei Mark unverwandt an.

Robert errötete.

Er warf sein Badetuch in den Sand, zog das Strandhemd aus. Blieb stehen, beobachtete die Wellen. Weiße Schaum- kronen. Er ging zum Meer.

Annie sprang auf.

Er ließ sich umspülen, tauchte ins Wasser, schwamm los, sie rief hinter ihm her. Er schwamm mit kräftigen Stößen, tauchte unter, kam prustend hoch.

Draußen die zerklüfteten Felsen im Meer, Riffe, eine ganze Menge verschiedener Boote. Rechts an der Küste lief eines der Cruceiros-Schiffe ein.

Er ließ sich auf dem Wasser treiben und genoss die kurzen Stöße der Wellen. Er blickte hinüber zu dem Turm und dem verfallenen Claustro Eremite, schwamm weiter, spuckte Salzwasser aus, spürte die Sonne auf den Schultern, ließ sich treiben. Wandte sich dem Strand zu, tauchte unter, kehrte zurück.

Annie stand breitbeinig am Strand, nur die Füße in der Brandung. Er beobachtete sie. Der knappe Bikini, ihre Schenkel, das kurze Haar zerzaust. Sie winkte, lachte, kam aber nicht ins Wasser. Robert bespritzte sie, sie schrie auf, wirbelte herum, lief herbei, ließ sich ins Meer fallen, schlug eine Wasserfontäne hoch, strampelte mit den Beinen.

Er schwamm wieder hinaus. Ließ sich regungslos auf der Wasseroberfläche treiben. Schloss die Augen, schaukelte auf den leichten Wellenstößen, spürte die Sonne. Heute war Freitag und ein Feiertag dazu: Er hatte ein Stierkampf-Ticket im Hotelzimmer liegen. Er tauchte den Kopf unter, kam erfrischt hoch, wandte das Gesicht der Sonne zu.

Es ist gleichgültig, ob ich dich liebe. Sie saß ihm gegenüber, zusammengekauert, die Knie hochgezogen, blickte ihn nicht an, während sie sprach. Es macht mir nichts aus, verstehst du, ich bin dir völlig ergeben. Sie lächelte. Ein See aus Glas, gläserne Tropfen, gläserne Halme am Ufer. Du hast mich belogen, sagte sie, deshalb macht es mir nichts aus. Ich quäle jeden Menschen, an den ich mich klammern muss, sagte er, jeden. Regen über ihrem Gesicht, ihre Hand auf seiner Haut, ich weiß nicht, wieso ich niemals Ruhe finde. Die leere Bahnhofshalle, zwei Uhr nachts. Tote Züge auf den Gleisen, Zigarettenstummeln, zertreten. Das Mädchen auf der Bank. Du hast mich belogen, aber es macht mir nichts aus. Eine nackte Hure, der Gestank des Besoffenen. Sieh mich an, ich liebe dich, ich liebe deine Augen, deine Lippen, deinen Körper.

Er breitete sein Badetuch aus und legte sich darauf. Annie

und Robert kamen aus dem Wasser. Sie bespritzte Robert noch bis zuletzt, kreischte, als er sie zurück in die Brandung warf. Fuhr böse hoch, versuchte ihn ins Wasser zu zerren. Robert hielt sie an den Handgelenken, sie wand sich los, lief über den Strand auf die Badetücher zu, ließ sich fallen, er bewarf sie mit einer Handvoll Sand. Kniete sich neben sie nieder, nahm sie an der Schulter. Sie schlug um sich, stieß ihn fort, schrie ihn an, barg das Gesicht in den überkreuzten Armen.

Robert lachte und stand auf und erklärte Mark, sie sei nun absolut böse auf ihn.

Mark schwieg.

Sie sei nun absolut böse auf ihn, sagte Robert nochmals. Lachte.

Annie richtete sich auf. „Ich werde dir jetzt etwas sagen, Robert", begann sie. „Dein lieber, guter Freund Mark hat mich heute Nacht vergewaltigt."

Robert sah sie an, rührte sich nicht.

„Was wirst du tun ?" fragte sie.

Robert setzte sich auf das Badetuch, sah sie an.

„Er hat mich geschändet", kicherte sie. „Heute Nacht !"

Robert schwieg.

„Er hat mit mir geschlafen. Er hat mich nackt ausgezogen."

Mark setzte sich auf.

Robert fragte: „Warum sagst du mir das alles ?"

„Damit du es weißt", schrie sie ihn an.

Robert legte sich auf die Seite, sah an ihr vorbei.

Sie spottete: „Er hat mich überaus glücklich gemacht, wir waren eine Ewigkeit beisammen."

Robert schwieg.

„Heute nachmittags ist Stierkampf in Barcelona", sagte Mark unvermittelt. „In der großen Arena La Monumental."

Sie schwiegen.

Mark: „Ordoñez, Angel Teruel. Und ein Mexikaner. Miura-Stiere."

Annie stieß mit dem Fuß in den Sand.

Mark: „Ich sitze barerra sombra, gleich unter der Präsidentenloge. Gebe eine Menge Geld aus für Stierkämpfe."

Sie schwiegen.

Annie sagte: „Ich gehe mit dir, Mark."

Er sah sie an. Grinste. „Wenn du noch eine Karte bekommst. Der Bus fährt um zwei Uhr ab, vom Platz."

Sie musterte ihn nachdenklich.

Er stand auf, zog das Hemd an, schüttelte den Sand vom Badetuch, warf es lässig über die Schulter. Er lächelte, als er Annie ansah.

Als er sich im Hotelzimmer umkleidete, dachte er an den ersten Stierkampf, den er gesehen hatte. Paco Camiño. Und dann El Cordobès, der schlecht war und nicht töten konnte, dessen zweiter Stier sich überdies ganz beachtlich mutig gehalten hatte. Das Publikum hatte den Stier schließlich begnadigt und warf Kissen in die Arena, der Matador wagte sich nicht mehr zu einem obligaten Rundgang. Im Fernsehen hatte er im Vorjahr die Alternativa Angel Teruels in Bilbao gesehen. Angel Teruel kämpft heute gegen Antonio Ordoñez. Am vergangenen Donnerstag hatte er sich die Novilleros in der kleinen Arena auf der Plaza d'España angesehen.

Der Autobus füllte sich, und er wartete. Als der Fahrer die Tür zuschlug, bat er ihn noch um ein wenig Geduld, es käme wahrscheinlich noch una señora. Zehn Minuten nach zwei Uhr fuhr der Bus schließlich ab, ohne dass die señora gekommen wäre. Der Fremdenführer begann bald seinen Monolog über Stierkampf und wusste nicht, wen sie heute kämpfen sehen würden.

Die Korkeichen zogen an den Fenstern vorbei. Er nickte ein.

Gegenüber der Arena das Café „Sombra y Sol". Im Parterre überfüllt. Der Reisebegleiter schickte seine Leute hinauf auf die Terrasse.

Er ging in Richtung Sagrada Familia spazieren.

Später setzte er sich auf seinen Platz an der Barerra. Der Mann neben ihm unterhielt sich mit einem Areñero, gute Stiere heute, wurde gesagt, der Mexikaner sei zumindest interessant. Die Frau des Mannes neben ihm eine vollbusige Spanierin in weißem Pullover und mit Blüten im Haar.

Der erste Stier heute wog 512 Pfund, die stumpfe Arbeit der Picadores. Er erinnerte sich an das gescheckte Pferd, das seine Eingeweide verlor und sich darin mit den Hinterbeinen verstrickte. Das Satyrspiel in der Tragödie.

Ordoñez. Ein schlechter Stier. Das Publikum murrte. Angel Teruel setzte seine Banderillas selbst, alle genau auf einer Stelle im Nackenmuskel, hinter dem Burladero keuchte er. Pase naturale, der Stier unmittelbar ganz nahe am Körper des Matadors, Blut am Lichteranzug. Der Stier ist durch die Begegnung mit den Picadores und durch die Banderillas kaum langsamer oder müder geworden.

Entrar á Matar, der Matador geht zum Töten über. Und da ist plötzlich die stickige Luft in seinem Hals, der Wirbel der Banda, der bloße Degen, die Hörner, Estocada, der Augenblick: Eine verschwommene Masse vor seinen Augen, die sich bewegt, Schritte, manchmal Stimmen, Wortfetzen. Er war einen ganzen Tag lang nur im Bett geblieben, als wäre er krank, er hatte gar nichts gegessen und die Fensterläden heruntergelassen. Er war nackt in die Betttücher eingehüllt im verdunkelten Raum gelegen und hatte nachgedacht.

Die Bilder waren an ihm vorbeigezogen, die kahle Decke über ihm, und er hatte gewünscht, es möge so bleiben, es solle doch alles aus sein, alles aus sein, er wolle seine Ruhe haben, endlich allein sein, mit sich selbst allein sein, und er dachte an sie. Sie, mit der er beisammen gewesen war, und sie, die er liebte, und sie, die er inbrünstig begehrt hatte, und sie, die ihm nach zwanzig Minuten gleichgültig, ekelhaft gleichgültig geworden war, sie, die er verführt hatte und mitten auf der Straße verließ, sie, die er liebte, liebte, die sich ihm hingab, ihn verlassen hatte, nach der er sich sehnte, die er verlassen hatte, die sich nach ihm sehnte, mit der er glücklich gewesen war, länger als mit jeder anderen, sie, die glaubte, ihn halten zu können, die ihm die Freiheit gab, sie, die er verachtete. Am Abend war er in eine wüste Kneipe mit Rot- und Blaulicht gegangen und hatte sich besoffen, dann ins Taxi gekotzt, das ihn in seine moderne Absteige in dem Außenbezirk brachte, gekotzt und geflucht und gegrinst, die Treppe hinaufgepoltert, die Tür zugekracht und ächzend am Bett gelegen. Beim ersten Morgengrauen war er zitternd vor Kälte aufgewacht, taumelte hoch, schloss beide Fenster und war auf die verwahrlosten Holzdielen gefallen, hatte geheult und war liegengeblieben und schließlich nochmals eingeschlafen. Nach einiger Zeit hatte er wieder erbärmlich gefroren, wachte auf, hievte sich hoch, entkleidete und Wusch sich. Er war zu diesem Zeitpunkt völlig nüchtern gewesen, erinnerte er sich. Er hatte Polster und Decken seines Bettes ordentlich und umständlich zurechtgerüttelt, hatte auf die Uhr gesehen, sie war stehengeblieben, er zog sie auf und fiel aufs Bett. Das Gefühl der Ausweglosigkeit. Verwundbarkeit. Wahrheit. Der Augenblick der Wahrheit.

Rebolera. Der Mexikaner hielt die Capa am äußersten Ende und wirbelte sie, sodass sie einen engen Kreis um ihn beschrieb. Eine Serie von Veronicas, der Mexikaner tänzelte, statt die Beine unbeweglich zu lassen. Aber dann drehte er sich elegant auf den Fußspitzen. Die Spanierin im weißen Pullover feuerte ihn ununterbrochen an, ihr Mann stützte sich mit dem Ellbogen auf die Betonmauer. Pase de la Muerte. Der Stier spuckte Blut, schwankte, rannte gegen die Barerra, wo ein paar Peónes die Tücher schwenkten. Der Stier glotzte die Männer an, ungläubig. Leben und Tod sind eins. Sterben ist eintöniges Geschehen. Der Matador hat vor seinem Altar gekniet, bevor er die Arena betrat. Verwundbarkeit. Die Areñeros überstreuen die Blutlachen und planieren den Sand, machen es sehr flink. Es beginnt sehr rasch zu dunkeln.

Der letzte Stier. Vergessen ist etwas, das man sich allzu teuer erkaufen muss. Man versucht, Wunden zu schließen, indem man sich dabei neue schlägt. Von sich selbst kommt man niemals los. Der Picador fällt schwer, der Stier bohrt sich in das Pferd. Die Arenabeleuchtung flammt auf. Sie alle jubeln Angel Teruel zu, tragen ihn auf den Schultern in der Runde.

Im Autobus ließ er sich in seinen Sitz fallen und schloss die Augen. Die lange Busfahrt ermüdete ihn.

Bevor er ins Hotel ging, aß er noch zwei Portionen grüne Oliven in der Snackbar am Platz, trank Bier, San Miguel, und schlenderte durch die immer noch sehr stark belebte Straße, Hände in den Hosentaschen.

Er dachte an die Matadores.

Plötzlich fühlte er sich glücklich.

Samstag 16. August

MORGENS AM STRAND. Das Glitzern des Lichts auf den Schaumkronen. Starker Wellengang, das rote Fähnchen. Er schloss die Augen. Bunte, verschwommene Punkte und Streifen und Flecken. Und das Geräusch der zerberstenden Fluten. Die Sonne warf zarte Schatten.

Er hatte sich auf seinem Badetuch auf den Rücken gelegt und dachte an das Mädchen, das mit ihm den steilen Hügel hinauf zu der einsamen Burgruine gestiegen war. Oben angelangt, hatten sie weit über die beiden glitzernden Flüsse hinweg geschaut, die hier in einem weit ausholenden Bogen aufeinander trafen. Sie hatte gesagt, sie würde sich von ihrem Freund trennen und dann frei sein. Sie hatten sich an den Händen gehalten und später eiskaltes Wasser miteinander aus einer Quelle getrunken. Das alles war vor vielen Jahren gewesen, aber er hatte dieses Mädchen noch immer nicht vergessen.

Annie legte sich neben ihn in den Sand. „Dein Liebling ist wieder da", sagte sie, lachte, stieß ihn in die Seite.

Erfreulich, murmelte er, erfreulich, öffnete die Augen nicht. Hörte, wie sich Robert an den Luftmatratzen zu schaffen machte. Spürte die pralle Sonne und den klebrigen Schweiß auf seinem Rücken.

„Sieh mich an", bat Annie.

„Habt ihr euch versöhnt ?"

„Sieh mich an", rief sie. „Du sollst mich ansehen !"

„Robert, irgendwann einmal werde ich mich mit dir ganz sicher besaufen", sagte er.

„Du sollst mich ansehen."

„Sie hat einen neuen Bikini bekommen", erklärte Robert.

Mark blickte sie an. Orange, mit violettem Tigermuster. Sehr schön, sagte er, sehr schön, und schloss die Augen.

Annie senkte den Kopf.

Robert begann umständlich zu erzählen, gestern, ein ganz herrlicher Nachmittag am Strand, die abenteuerliche Fahrt zu den Grotten, die steuern das ganze Boot hinein, kalt, an den Wänden Farbschattierungen, Algen, Ablagerungen, von tiefem Blau bis zu edlem Purpur und Schnecken, die Geschicklichkeit des Bootlenkers, Sonne und Flimmern am Meer. Sie waren müde, als sie endlich heimkamen.

„Ich glaube", unterbrach sie, „niemand interessiert sich für deine Geschichte, mein Lieber."

Er schwamm weit hinaus, zu dem aufragenden Felsriff, zog sich daran empor, kletterte umher und legte sich auf den harten Stein, das Gesicht zur Sonne. Ein Pärchen sprang zurück ins Meer. Boote tuckerten an der Insel vorüber. In der Ferne einige Segel am Horizont. Er streckte sich aus, geriet an einen kantigen Stein, zog den Arm zurück. Das Tosen des Wassers unter ihm. Einem Schwimmer gelang es wegen der Brandung nicht, zu dem Felsen zu kommen, und drehte ab. Er begann leise durch die Zähne vor sich hin zu pfeifen, blickte hinüber zum Strand, auf dem sich die Menschen wie farbige Punkte tummelten.

Was verliert man im Leben wirklich ? dachte er. Und was kann man denn schon wirklich gewinnen ?

Später hinderte ihn das anrollende Wasser, er wurde an den Felsen geworfen und untergetaucht. Prustend kam er hoch, begann mit kräftigen Stößen wegzuschwimmen.

Boote kreuzten, und er war ziemlich erschöpft, als er am Strand ankam.

Er stolperte benommen und mit gesenktem Kopf durch den Sand zu seinem Badetuch.

Annie sagte etwas.

Er warf sich wortlos mit dem Bauch auf sein Strandtuch und atmete tief. Spürte ihre Hand auf seiner Schulter, ihre Lippen, er stieß sie fort.

„Ihr mögt mich beide nicht", schmollte sie.

Nach einer Weile drehte er sich um. Sie stand gebückt am Meer, bis zu den Knöcheln im Wasser, griff rasch zu. Hob jedes Mal etwas auf, wenn eine Welle zerrann. Legte die aufgelesenen Dinge behutsam in ihre hohle linke Hand und achtete darauf, nichts zu verlieren.

Schließlich kam sie gelaufen und zeigte ihnen eine Menge farbiger, durchsichtiger Steinchen, meist verschiedenartig grün und blau und ein bisschen rötlich, meist noch nass und glänzend und glitzernd. Sie sollten doch mitkommen und ihr sammeln helfen, bat sie.

Mark lachte.

„Gefallen sie dir nicht ?"

Wunderschön, erklärte er.

Sie stampfte zornig mit dem Fuß auf und fragte Robert.

Robert sah Mark unschlüssig an.

Sie warf wütend alle Steinchen ins Meer.

Mark lachte laut heraus und sagte, natürlich, die Steine seien recht hübsch gewesen.

„Wenn ich überflüssig bin, braucht ihr es bloß zu sagen", fauchte sie, griff nach ihrem Strandkleid, zog es hastig über. Nahm den Hotelschlüssel. Ging.

Robert sah ihr verwirrt nach.

„Zum ersten Mal ?" lächelte Mark.

Robert senkte den Kopf.

Mark legte sich auf sein Tuch in den Sand zurück.

Robert stand auf und packte die Badesachen ein.

Mark sagte: „Sie hat an dir einen vollendeten Liebhaber."

Robert wandte sich schweigend ab, beschäftigte sich mit den Badesachen.

Mark schloss die Augen. Die Sonne blendete und brannte. Bald begann er zu schwitzen, ging ins Wasser und tauchte unter. Kinder spielten, bauten Figuren und Mauern aus Sand, bewarfen sich mit Steinchen und brachten in kleinen Plastikkübeln Meerwasser heran, das sie über ihre Bauten schütteten.

Er ließ sich in der Sonne trocknen.

An der Bar in der Hotelhalle saß der Schotte mit seinem Begleiter, lümmelte sich auf den Tresen und trank, winkte ihm zu, während er eintrat. Er schüttelte den Kopf, lief die Stiegen hinauf.

Später im Speisesaal. Er bestellte Tischwein, bemerkte, dass Robert gekommen war und sich auf einen Barhocker gesetzt hatte und zu ihm herübersah, ein voll gefülltes Glas Bier in der Hand. Mark deutete ihm.

Robert nahm zögernd umständlich Platz neben ihm. „Sie ist fort !" berichtete er bestürzt.

Mark lachte.

Robert hob den Kopf. Sah Mark ernst an.

„Was habe ich damit zu tun ?" fragte Mark.

Robert senkte den Kopf. Das Serviermädchen brachte die Flasche Rotwein, schenkte ein. Mark deutete zwinkernd auf ein zweites Glas und Robert. Das Serviermädchen sah ihn an, verstand und lächelte.

„Sie ist heute ausgesprochen gut aufgelegt", sagte Mark und blickte dem Serviermädchen nach.

Roberts Finger fuhren nervös auf dem Glas umher. Ein paar Leute standen auf und gingen hinaus. Das Mädchen in Shorts am Nebentisch lachte hell auf und brach die Schalen der Muschel auseinander. Sah herüber, zuckte die Achseln. Mark wiegte den Kopf. Ihr Begleiter vertiefte sich in die Muschelsammlung auf seinem Teller. Das Mädchen beobachtete Mark weiter.

Mark fragte: „Sie hat dich also tatsächlich verlassen?"

„Ich wollte noch mit ihr sprechen, aber sie hat mir keine Antwort gegeben, hat sich geduscht, angezogen, den Auto-schlüssel genommen. Ich habe sie gebeten zu bleiben. Sie hat kein Wort mehr gesagt. Sie ist im Zimmer herumgegangen und hat sich geschminkt und angezogen und hat ihre Kreditkarte genommen. Ich bin mit ihr hinuntergegangen, ich dachte, wir würden noch miteinander essen. Sie hat die ganze Zeit nichts gesagt, sie ist mit dem Auto fortgefahren. Sie hat kein Wort mehr gesagt."

„Und du brauchst Erklärungen."

„Ich möchte sie suchen."

„Schon gegessen ?"

Robert schüttelte den Kopf.

„Du könntest hier etwas essen."

Robert schwieg.

„Vergiss sie doch", schlug Mark vor.

„Ich liebe sie."

„Und natürlich bist du auch mit ihr verheiratet."

Robert sah Mark rasch an, Mark lächelte.

Er war mit dem Essen fertig geworden, und sie standen auf.

„Sie wird zurückkommen", sagte Robert.

Sie bogen aus der Gasse heraus auf die Hauptstraße, zu beiden Seiten die Läden mit einer Fülle an Souvenirs und Ansichtskartenständern.

„Kaufen wir etwas ein", schlug Mark vor. „Das ist immer eine gute Lösung."

Robert folgte ihm in das Musikgeschäft. Gitarrenmusik, Flamenco, und eine schrille, sich überschlagende Stimme, Kastagnetten. Der Ladenbesitzer lehnte an einem Regal und sah teilnahmslos hinaus auf die Straße.

„Du musst Concierto de Aranjuez kaufen", sagte Mark mit Nachdruck. „Du wirst es, du musst es einfach lieben !"

Robert schüttelte den Kopf.

Sie verließen das Geschäft.

„Hast du schon allen möglichen Leuten Ansichtskarten geschickt ?" fragte Mark und blieb herausfordernd vor einem der Drehständer stehen.

Robert sagte nichts.

„Schön, dann eben nicht."

Der Polizist stand im Schatten, bei der Autoreparaturwerkstätte. Bart und dunkles Gesicht unter dem weißen Helm. Die Luft flimmerte. In der Snackbar ein paar Burschen mit Drinks. Eine junge Spanierin ordnete einen Arm voll neuer Kopftücher zu den anderen auf dem Gestell ein, sah kurz auf und ging dann weg.

Mark grinste: „Einkaufen dürfte für dich also doch nicht die richtige Lösung sein. Ein anderer Vorschlag also." Er schlug Robert auf die Schulter: „Dann müssen wir wohl oder übel miteinander saufen gehen !"

Robert zuckte die Achseln.

„Aber wenn du sofort besoffen bist, bezahlst selbstverständlich alle Rechnungen nur du !" drohte Mark lachend.

48

Robert nickte und sah bloß vor sich hin.

„Fragt sich nur, wo wir uns zu dieser Stunde niederlassen."

„Ich kaufe Sekt", schlug Robert vor, „und wir gehen damit ins Hotelzimmer."

Mark grinste: „Immerhin kommst du jetzt recht nett in Fahrt."

Sie betraten ein Lebensmittelgeschäft Mark deutete auf eine Sektflasche. Der Verkäufer holte die Flasche vom Regal herunter und wollte sie in Papier einschlagen. Mark winkte ab und machte Gesten. Nach einer Weile verstand der Verkäufer und verschwand hinter dem Vorhang. Kam mit einer eiskalten Flasche zurück.

Robert trug die Flasche vorsichtig mit beiden Händen, als sie zu seinem Hotel unmittelbar am Strand gingen.

Robert nannte die Zimmernummer, und der Mann an der Rezeption gab ihm den Schlüssel. Teppichbelegte Treppen, holzverkleidete Wände. Robert schloss mit unsicheren Händen auf. Luxusappartement, zwei Räume, Balkon mit unmittelbarer Aussicht auf das Meer.

„Die teuerste Höhle im ganzen Ort", stellte Mark fest. „Ich erzittere vor Ehrfurcht, großer Boss."

Robert errötete.

„Und in diesem Bettchen schläft Annie ?"

„Mark, sie ist meine Frau."

Mark drehte sich lächelnd nach ihm um.

Robert senkte den Kopf.

Sie beschäftigten sich mit der Sektflasche, Robert holte Gläser. Schaum sprudelte auf den Teppich, sie stießen an.

„Auf deine Annie", sagte Mark.

„Auf unsere Freundschaft." Roberts Hand zitterte.

„Wie hast du sie kennengelernt ?"

Robert sah ihn an: „Sie ist sehr unglücklich mit mir."

Mark schwieg.

„Früher hat sie mich geliebt. Ich glaube ganz bestimmt, dass sie mich früher einmal geliebt hat. Aber ich kann sie nicht glücklich machen, das ist es. Ich möchte aber immer so gerne, dass sie irgendwie glücklich ist."

Sie tranken die Gläser aus, Robert füllte nach.

Sie rauchten eine Weile völlig schweigend, ohne einander anzusehen.

„Ich liebe sie", sagte Robert schließlich. „Ich bin sogar noch immer ganz toll verliebt in sie."

Mark lächelte: „Vielleicht wäre ich es auch."

„Es ist eigenartig", gestand Robert mit gesenktem Kopf, „aber es macht mir nicht unbedingt etwas aus, dass sie mit dir geschlafen hat. Verstehe mich bitte richtig: Sie soll glücklich sein, und ich gönne ihr alles, wirklich alles, wenn sie nur glücklich ist."

Mark schwieg.

„Ich bin nicht wichtig", erklärte Robert. „Verstehst du, ich halte mich nicht für den Mittelpunkt der Welt, und überhaupt kann einem ein Mensch nicht gehören."

Mark schüttelte den Kopf.

„Sie hat mir alles erzählt, bis in die letzte Kleinigkeit.«

„Hoffentlich war es recht nett für dich", knurrte Mark.

Sie tranken.

Robert sagte: „Es war ja eher harmlos."

Mark zuckte die Achseln, hob das Glas. Sie stießen an. Mark sah Robert ins Gesicht.

„Sie wird ganz sicher zurückkommen", meinte Robert.

„Hat sie dich schon öfter betrogen ?"

Robert schüttelte den Kopf.

Mark lächelte.

„Ich weiß es bestimmt."

„Ich war tatsächlich der erste ?"

Robert nickte. „Wenn du es so verstehst: ja."

Mark schwieg.

„Sie weiß, wie sehr ich sie liebe", sagte Robert.

„Bestell' sofort eine neue Flasche", forderte Mark und wies auf das Telefon.

„Du brauchst dir keine Vorwürfe machen, Mark, ich bin selbst daran schuld, dass sie das gemacht hat, nur ich, du brauchst dir absolut nichts vorzuwerfen."

„Natürlich. Du hast das Gemüt eines Märtyrers."

Mark stand auf, ging zum Telefon, sagte: „Ich bestelle dir auch gleich etwas zu essen, damit du mir nicht etwa ganz verhungerst."

„Ich bin betrunken", lachte Robert. „Ich glaube, ich bin ein bisschen betrunken."

Sie tranken und rauchten, Robert erzählte unzusammenhängend Geschichten von Annie und ihm.

Mark trat auf den Balkon. Die Sonne war tief gesunken. Rechts die Burgmauern rötlich überflutet. Stimmen von unten. Ein Schiff legte ab. Er konnte die Stelle am Strand beobachten, wo er immer gelegen war. Eine junge Frau im apfelgrünen Bikini, er ließ den Kopf sinken. Die junge Frau las bunte Steinchen aus dem Sand auf, lief zu dem Mann unter dem Sonnenschirm. Sie packten rasch ihre Sachen zusammen. Die Geräusche der Motorboote und heftiger Wogengang. Er wandte sich ab und wischte sich mit der Hand über die Augen und presste die Lippen aufeinander.

Bei der dritten Flasche erzählte Robert noch immer von Annie. Wie sie sich früher in dem Café getroffen hatten, von ihrem Urlaub in Kopenhagen, wie zärtlich sie war, wie sie sich über Rosen freute, von der Zeit in den Bergen, Montafon, Schruns, von dem Abendessen in der einsamen Almhütte, wie sie die neue Wohnung anders eingerichtet haben wollte als er, dunkelrote Dekorstoffe im Schlafzimmer, hellgrünes Vorzimmer, von ihrem Geburtstag, von Weihnachten und dem tolles Schnee, von ihrem ersten Rendezvous.

„Gehen wir doch endlich in eine Kneipe", unterbrach Mark verdrossen.

Robert sah ihn überrascht an: „Ich kann ganz sicher nicht fort von hier. Sie muss jeden Augenblick zurückkommen."

„Sag mir, wenn es soweit ist", knurrte Mark.

Er stand abrupt auf und ging.

Auf der Straße trieben sich noch viele Bummler herum, obwohl der Wind ein wenig kühl geworden war. Ein kleiner, struppiger Hund sah ihn mit großen Augen an und pinkelte an eine Wand. Neonbeleuchtung und Flamencoklänge aus einigen Lokalen, der Geruch von Wein und gebrannten Nüssen.

Der Eisverkäufer stand noch immer an seiner Ecke.

Zwei hübsche Mädchen gingen kichernd Hand in Hand vor ihm. Er blieb vor dem Geschäft mit Toledo-Waren stehen: Dolche, Anhänger, Dosen mit Einlegearbeiten, Kriegsäxte, alles verschwamm vor seinen Augen, er ging unaufhaltsam wie schlaftrunken weiter.

Püppchen und Toledo-Schwerter in den Auslagen.

In seinem Zimmer warf er sich aufs Bett, kroch nochmals hoch und langte nach der halbvollen Whiskyflasche. Da war das schöne Mädchen in dem Steinbruch, in dem Bildhauer arbeiteten und ihre Erzeugnisse zur Besichtigung stehen ließen. Ihre Hände strichen fast zärtlich über die sanften Wölbungen der ausgehöhlten Plastik, sie lachte. Und ganz plötzlich hatte das Mädchen einen Minihänger an, apfelgrün.

Er nahm einen Schluck aus der Flasche.

Ihr Parfüm, als sie neben ihm ging, ihr Gesicht deutlich vor seinen Augen. Ihre Stimme, als sie auf die Wogen hinunter deutete und etwas sagte. Ihre kleinen, harten Brüste, ihre Haut, ihr heißes Geschlecht. Er verschüttete Whisky über sein Gesicht, drehte sich zur Seite.

Sonntag 17. August

DIE SONNE SCHIEN AUF SEIN GESICHT. Er taumelte unter die Dusche, glaubte, er müsse erbrechen. Er trank kaltes Wasser, auf dem Steinboden eine Lacke, barfuß, er fror. Auf dem Leintuch Whiskyflecken, der erbärmliche Geruch. Er hob die Flasche vom Boden auf und suchte nach dem Verschluss, fand ihn nicht, stellte die Flasche offen auf den Tisch. Sah auf die Uhr. Er begann vor sich hinzupfeifen, stöhnte, schlurfte auf den Balkon hinaus.

Der Hotelboy rückte die weißen Tische und Sessel auf dem Kiesstreifen zurecht.

Er zog sich langsam an.

An der Hotelbar trank er Campari, gestikulierte mit dem Verwalter, Spanier aus Tarragona, bereits das zweite Jahr in diesem Hotel, in der nächsten Saison wahrscheinlich in Lloret de Mar. All the heaven in Whiskey, habe der Schotte gestern Abend gesagt. By God. A very good boy, zwinkerte der Verwalter und schob „Callate Niña" in den Player. Das Trinkgeld warf der Verwalter in den Krug neben der Reihe von Cognacflaschen.

Er ging im Schatten der Planen die Straße entlang zum Platz nach vor und bog in eine schmale Seitengasse. Kodak-Reklame, Cervezas, Beba Fanta, Todo va mejor con Coca-Cola, ein paar Kinder, die auf dem Gehsteig saßen, Blumen, Schmiedearbeit vor dem Fenster. Er trottete die Gasse hinauf, Steinstufen, gekalkte Hauswände, blendend weiß. Die alte Frau wandte sich nach ihm um, schwarz gekleidet. Sie schleppte eine Kanne, die ihr viel zu schwer sein musste, Stimmen aus einem Hof. Unkraut und Gras, Schatten, menschenleer. Er blieb stehen. Eine Katze kletterte über den Schutthaufen, erschrak und lief davon, verschwand hinter einem Mauerrest. Er lächelte, fuhr sich mit der Hand über den Kopf. Plötzlich kreischende Schreie, Geröll auf dem Weg, eine Kinderstimme antwortete ängstlich, Stille, dann Weinen. Eine schmale Passage zwischen zwei Häusern. Wäschestücke zum Trocknen vor dem Fenster, der Nachrichtensprecher aus dem Radio. Die Katze von vorhin, weiß gesprenkelt, er haschte nach ihr, sie gab einen gedehnten Laut von sich und schoss um die Ecke davon. Der alte Turm der Befestigungsanlage vor ihm.

Links das Waffengeschäft, mit der Ritterrüstung davor. Der Mann war in seine Zeitung vertieft. Bei uns bekommen Sie den besten Kaffee. Grüne Ranken auf der Mauer. Eine leere Limonadenflasche im Rinnsaal. Er ging zur Bucht hinunter, El Codolar.

Die Plätze zwischen den aufragenden Steinbrocken bevölkert von braunen, glänzenden Körpern, vier Boote am Ufer. Jemand hatte ein Transistorradio aufgedreht. Bunte Badetücher, eines mit Flamencotänzern bedruckt. Er hatte Kopfweh, lehnte sich gegen die Felswand. Agaven und weit draußen ein Passagierschiff, Cruceiros. Wilde Küste. Vor ihm lag ein Pärchen im Sand, und das Mädchen hatte den Verschluss ihres Bikini-Oberteils geöffnet.

Das Meer brandete gegen die Klippen. Er hockte sich auf einen Steinblock und beobachtete das Wasser. Glitzernde Tropfen, Sonne, tiefgrün und blau, Tang an den Steinen. Drei Mädchen turnten über die Brocken und kicherten, eine glitt aus, fiel, Blümchen auf dem Bikini. Die Freundinnen zogen sie hoch, sie hinkte kurz ein paar Schritte weit. Leichter Wind, Schaumkronen. Ein alter Herr mit Handtuch über dem Kopf las in einem Taschenbuch.

Er stand auf, ging hinunter zu den Steinen und Mädchen.

Das Mädchen mit den Blümchen auf dem Bikini saß auf einer Steinplatte und baumelte mit den Füßen im Wasser. Die beiden anderen schwatzten englisch. Hello, rief er. Sie antworteten mit Hi, stranger ! Er grinste und blieb vor ihnen stehen. Das Blümchen-Mädchen verdrehte den Kopf nach ihm und zog die Brille über die Nase. Sie war hübsch. Nancy und Fanny kicherten. Indem er sie anfunkelte, ließ er zornig einen Schwall von spanischen Wortfetzen auf sie los, begleitet von dramatischen Gesten. Sie lachten. Er winkte mit einer majestätischen Handbewegung ab, setzte sich lässig und vornehm neben das Blümchen-Mädchen und stellte sich mit zusammengekniffenen Augenbrauen vor, düstere Stimme: My name is Jack. Hielt ihr die Hand hin, todernst und mit Grabesmiene. Sie schlug ein und lächelte, wischte ihr Haar mit einer raschen Drehung des Kopfes aus dem Gesicht.

Wasser spritzte über die Steinplatte und benetzte ihr Blümchenhöschen. Sie schrie auf und fuhr hoch. Only rain for your flowers, ermahnte er sie gelassen. Die beiden anderen kreischten. Das Blümchen-Mädchen blickte ihn über die Brillenränder hinweg an, lachte, mit den Zähnen auf der Unterlippe. Er zwinkerte ihr zu, Sweetie Pea, sagte er. Sie lächelte und legte den Kopf zurück, stützte sich mit den Händen auf den nassen Stein. Er setzte sich in Pose und begann einen gewichtigen spanischen Vortrag. Sie hörten ihm andächtig zu. Das Blümchen-Mädchen nahm die Brille ab, lachte ihn an. Er küsste sie schallend auf den Mund und verschwand hinter den Felsen.

An den Tischen einige Deutsche mit weißen, kurzärmeligen Hemden. Obst in Körben vor dem kleinen Laden. Er stieß einen Stein an die Hauswand, musterte die Flaschenetiketten in der Auslage. Lief ein Stück. Touristen mit Sombreros, rote Bänder daran.

Robert saß einsam unter der Laube vor dem Hotel, trank Orangen-Juice.

Robert senkte den Kopf, als ihn Mark anblickte.

Mark lächelte.

Robert spielte nervös mit der Juice-Dose. Zündete sich eine Zigarette an. „Sie ist seit der ganzen Nacht fort." Löste das Papier von der Dose.

Mark zuckte die Achseln, Hände in den Hosentaschen, ging weiter die Promenade entlang. Beatmusik aus einer Bar. In dem Hotel standen die Kellner bereit für die Mittaggäste. Über die schmale Brücke kamen Leute mit Badetaschen. Das große schmiedeeiserne Tor vor dem Garten mit der Statue. Ein Autobus hielt am Platz. Mehrere Gepäckstücke und Abreisende. Helado zum Abschied.

Im Speisesaal etliche Tische besetzt. Er nahm vor seiner Rotweinflasche Platz, das Serviermädchen fragte ihn gleich wegen der Vorspeise. Er bestellte Juice.

Draußen trank der Schotte mit Begleiter Whisky, lehnte sich an die Bar und redete auf den Verwalter ein. Lachen auf beiden Seiten. Der Verwalter langte nach hinten und füllte nach. Musik, Guantanamera.

Er brach ein Stück Weißbrot ab und aß. Erbsen und warme Tomatenscheiben und gegrilltes Fleisch. Das Mädchen von nebenan diesmal in gelben Hosen, offenes Haar. Der Verwalter rief ihn plötzlich zum Telefon.

Sie ist gekommen. Aufgeregte Stimme. Worte wie ganz verschwitzt, staubig, lange Fahrt, sie sagt nicht, wo sie gewesen ist, es ist mir noch schlecht von gestern, willst du sie nicht wiedersehen, gerade gekommen, nicht müde, hat schon gegessen, sie ist niedergeschlagen, sagt kaum ein Wort, komm sofort zu uns. Mach endlich Schluss, ich komme nach dem Mittagessen. Und hängte auf. Der Verwalter sah herüber und nickte. Der Schotte grinste ihn an.

Er aß Weißbrot und Früchte zum Nachtisch. Hinter ihm lief Konversation über den Salzgehalt des Meeres, Salz auf den Lippen, auf der Haut, in den Haaren, widerlich, sagten sie.

Das Mädchen nebenan sah eher gelangweilt zum Fenster hinaus. Er lehnte sich zurück, er fühlte sich jetzt wohl. Das Serviermädchen schoss an seinem Tisch vorbei. In der Ecke zwei ältere Paare, die Damen mit Schmuck behängt. Ein langer Riese warf Blicke umher, während er aß. Der Schotte saß noch immer an der Bar.

Er stand auf und schlenderte hinaus. Setzte sich auf einen Hocker. Der Schotte schlug ihm treuherzig auf die Schulter, der Begleiter lächelte milde. Er bestellte Cointreau, der Schotte seufzte und sah ihn mitleidig an, sagte etwas von Whiskey. Er schüttelte den Kopf. Der Schotte begann viel von der anglikanischen Hochkirche zu erzählen und von den Bettlern, die er in der Kathedrale von Barcelona gesehen hatte. Der Verwalter verschwand, statt ihm erschien seine Frau, hochschwanger. Er bat, sie möge Concierto de Aranjuez spielen, En Aranjuez con tu amor. Sie sagte, sie stamme aus Aranjuez, lächelte. Sie hatte glasige Augen. Der Schotte wünschte ihr alles Gute für ihr künftiges Baby. Sie schilderte den Frühling in ihrer Heimat, guapa wurde bonita genannt. Sehnsucht nach dem Landesinneren, das Meer sei nur für die Touristen da. Sie spielte die Scheibe weiter, Toledo.

Er ging hinaus in die Hitze. Kaum Leute auf der Straße.

Robert öffnete. Nervös, zerfahren, sah an ihm vorbei. Im Wohnzimmer Unordnung, auf dem Tisch eine aufgebrochene Packung Keks, Krümel, eine fast leere Limonadenflasche, Glas daneben, verschüttete Flüssigkeit, fünf oder sechs buntbedruckte Prospekte, Briefmarken. Auf den Stühlen Badesachen, hingeworfen, ein Sommerhut Annies auf dem Boden, Schuhe, ein Trachtenpüppchen.

„Du hast gesagt, sie sei zurückgekommen", sagte Mark.

Robert trat vor ihn hin.

„Ist sie inzwischen noch einmal ausgerissen ?"

„Sie ist im Schlafzimmer."

„Ich glaube, du sagtest, sie sei nicht müde."

„Sie gibt keine Antwort, wo sie war", stieß Robert hervor.

„Und das ist wesentlich ?"

Robert ließ die Schultern sinken. „Sie spricht nicht mit mir."

Annie rief laut aus dem anderen Zimmer: „Lass ihn in Ruhe. Er soll hereinkommen."

Robert verstellte Mark den Weg.

Mark blieb stehen.

„Lass ihn herein !" schrie Annie.

Robert trat beiseite.

Sie lag nackt auf dem Bett. Drehte sich auf den Rücken, als Mark eintrat. Robert stellte sich neben Mark.

„Hat keiner von euch beiden Lust auf mich ?" fragte sie.

Mark schwieg.

Robert strich sich mit der flachen Hand über die Wange und sah Mark ängstlich an.

Mark lehnte sich gleichgültig an die Zimmerwand.

„Ihr seid beide keine Männer", rief Annie.

Robert ging auf sie zu, bat sie, etwas anzuziehen.

Sie schüttelte triumphierend den Kopf und stieß Robert fort. „Ich möchte sehen, was dein Freund jetzt macht."

Mark sagte: „Er hat dich gebeten, etwas anzuziehen."

Sie sah Mark an.

Er verschränkte die Arme vor der Brust. Robert setzte sich

auf den Bettrand, völlig niedergeschlagen. Sie sah beide an. Mark lächelte.

Sie senkte den Kopf, wartete.

Robert fuhr sich zittrig durchs Haar, seine Hand glitt zum Nacken, er öffnete den Mund.

Sie hob den Kopf und sah Mark an. Schließlich wandte sie sich um, griff nach ihrem Nachthemd, stand auf und warf es sich über. „Ich möchte, dass Robert jetzt das Zimmer verlässt", sagte sie, während sie zum Balkon ging.

Robert stand mit gesenktem Blick schweigend auf und ging an Mark vorbei hinaus.

Sie standen einander gegenüber.

Sie wartete, bis die Tür des Appartements hinter Robert zuschlug. Kam auf Mark zu.

„Wo warst du heute Nacht ?" fragte Mark.

Sie verzog die Lippen und sah Mark herausfordernd an: „Ich hatte einen feurigen Spanier gefunden und habe mit ihm geschlafen." Sie lachte.

Er packte sie am Handgelenk und schlug sie ins Gesicht.

Sie starrte ihn an, und er schlug sie, sie starrte ihn an.

Mark ließ sie los. Lehnte sich zurück an die Wand.

Sie blickte ihn stumm an. Begann zu schluchzen. Ließ sich auf das Bett fallen.

Er beobachtete sie. Aufgelöstes Haar, das Gesicht in dem Kissen verborgen.

Sie richtete sich auf: „Ihr liebt mich beide nicht."

Er lachte, er begann schallend zu lachen.

Sie hob den Kopf und sagte leise: „Mark, ich liebe dich, ich habe dich vom ersten Augenblick an geliebt."

Er sah sie an. Sagte: „Ich hätte dich nicht schlagen dürfen."

Sie lachte auf, schrie ihn an: „Oh, wie sehr, wie fürchterlich sehr ich dich doch liebe !"

Er sagte langsam: „Du bist nichts anderes als eine gemeine, dreckige Hure, sonst nichts."

Sie weinte. Ihr ganzer Körper zitterte. Sie vergrub wieder ihr Gesicht in dem Kissen. Sie schluchzte heftig, rang nach Atem. Sie presste das Kissen an sich, ihre Finger krallten sich in den Überzug.

Dann wurde sie ruhiger. Mit verschmiertem Gesicht blickte sie Mark an. Zog die Decke über ihren Körper. Stützte den Kopf auf den Arm, sah vor sich hin. Schließlich wandte sie sich ihm voll zu, sagte: „Ich liebe Robert so sehr, wie ich noch nie einen Menschen geliebt habe. Ich meine das ehrlich." Sie weinte. „Aber er ist einfach ein entsetzlicher Schwächling."

Mark lehnte an der Wand.

„Ich möchte von ganz vorne wieder anfangen."

Er lächelte.

Sie schwieg mit gesenktem Kopf.

„Ich lasse dich am besten allein", meinte er und wandte sich um.

„Ich liebe ihn, Mark, ich liebe ihn."

Er steckte die Hände in die Hosentaschen.

Sie schüttelte den Kopf.

Er grinste. „Robert hat gestern mit mir etliches getrunken. Du solltest ihm ein wenig Ruhe gönnen."

Er verließ das Zimmer, ging die Treppe hinunter.

Robert saß an der Hotelbar und sprang auf, als er Mark kommen sah.

Mark packte ihn an seiner Hemdbrust und schrie ihn an: »Geh hinauf zu ihr, du blöder Idiot !" Und ließ ihn stehen.

Das Mädchen, mit dem er schon von ferne die Ruinen hoch oben auf dem steil zum Meer abfallenden Felsen gesehen hatte. Der Dampfer kam zum Stehen, die beiden Schiffsleute hievten das Motorboot an der Reling herunter, setzten die ersten Passagiere über. Sie konnte es kaum erwarten. Das Boot schaukelte langsam voran. Am Ufer war eine Holzbrücke gebaut worden. Jemand half ihr. Das Boot stieß wieder ab. Sie setzte ihren Sonnenhut auf. Steiniger Weg, schmutzige Kinder kamen ihnen entgegengelaufen, bettelten. Eseltreiber, fünfundzwanzig Drachmen bis oben. Sie bestieg ihr Tier, und der alte Grieche rannte daneben den Berg hinauf. Der Jüngere hielt bei ihm den Zaum. Die Esel sprangen munter über das Geröll, und er konnte sich kaum am Sattel festhalten, mit weit gespreizten Beinen. Alte Klöpplerinnen, in Schwarz vermummt, hielten ihnen ihre Arbeiten hin, murmelten, eine nannte schrill den Preis. Er schüttelte den Kopf, sie fluchten.

Sie gingen die Steinstufen hinauf, er blickte hinunter zum Schiff, aufs Meer. Er wollte ihr die Hand geben, sie war schon weiter. Mächtige Mauern, eine uneinnehmbare Burg, der finstere Gang. Und dann plötzlich Licht, Sonne, flimmernde Luft. Geröll, Säulen geborsten am Boden, zerschmettert.

Sie sah ihn nicht an. Er betrat die Plattform, umgeben von dem Zinnenwall. Unten die kleinen Häuser mit den flachen Dächern, alles weiß, die Kirche mit dem plumpen Glockenturm. Strahlend blau das Meer. Weiter links die aufragenden Säulen, schlank und zerbrechlich. Er blieb stehen. Die Reste des Tempels. Behauener, verwitterter Stein. Sie kroch hinter den Trümmern herum, blieb im Schatten. Sie kamen zum Ausgang und nahmen Esel zum Zentrum des Dorfes. Der Weg gesäumt von gekalkten Mauern. In den schmalen Gässchen unten begannen die Esel plötzlich zu rennen, die Treiber kamen kaum mit, er zog die Beine ein, um nicht an den rauen Mauern anzustoßen. In der Station hockten dann an die zwanzig Treiber und grinsten, als sie umständlich und linkisch abstieg, sich ihr Rocksaum am Sattelknopf verfing und sie für einen Augenblick entblößt dastand, sie ärgerte sich.

Später tranken sie Limonade in einer Wirtschaft am Rand des Dorfes. Sie sprachen kaum miteinander. Wieder an Bord beobachtete er die Möwen, die dem Schiff folgten. Sie ging hinunter und tanzte Sirtaki. Die Sonne versank farbenprächtig. Blitzschnell stießen die Möwen zu. Es wurde kühl an Deck. Das war, kurz bevor sie sich trennten. Er dachte an den Matrosen, der ihn spöttisch anblinzelte, während er mit ihr tanzte.

Abends saß er am Kiesstreifen vor seinem Hotel bei einer Flasche Bier. Annie und Robert kamen vorüber. Sie hätten drei Karten für den Club Tropicana, Especiales, großartiges Programm garantiert.

„Geht allein in euer verdammtes Flamenco-Lokal", sagte er.

Annie legte die Hand auf seinen Arm: „Wir wollen dich bei uns haben."

Mark hob das Glas, musterte die beiden. Robert hatte den Arm um Annies Schultern gelegt, sie lehnte sich an ihn. „Seid ihr aber ein liebliches Paar", grinste er.

Robert und Annie lächelten.

Er trank das Glas aus.

Lief aufs Zimmer, schüttelte den Kopf, hockte sich auf den Bettrand, lachte, sprang auf und begann sich hastig umzuziehen. Verschloss das Zimmer hinter sich.

Sie warteten an der Ecke.

„Wir dachten, gleich nach dem Essen würden wir dich am sichersten antreffen", meinte Robert.

Annie fügte hinzu, die Vorstellung beginne zwar erst um

halb elf, sie hätten daher aber noch reichlich Zeit für einen Drink. Sie lächelte.

Sie hoben die Gläser hoch und stießen an, der Barkeeper sah ihnen teilnahmslos zu. Tadellos weißes Jackett. Annie küsste Robert, sie hielten sich an den Händen. Gedämpftes Licht, leise Barmusik. Er nahm einen Schluck aus seinem Glas. Im Spiegel konnte er ihre Gesichter sehen. Annie. Sie war ausgesprochen hübsch, grüne Lidschatten, er lächelte, sie fing seinen Blick im Spiegel auf, drehte sich ihm zu, stieß nochmals mit ihm an.

Robert beugte sich herüber, stieß mit ihm an.

Der Barkeeper füllte die Gläser nach.

Robert erzählte von dem Portier in ihrem Hotel, der ganz genau diesem Mann hier gliche, das gleiche Gesicht, breit, große Nase, die gleiche Statur, das gleiche üble Gehaben, karikierte die Bewegungen des Portiers.

Annie lachte mit. Mark drehte das Glas auf der Theke mit zwei Fingern. Ein nasser Rand hatte sich gebildet. Er schob das Glas ein Stück zur Seite, die Flüssigkeit zog Spuren. Er schob das Glas in die andere Richtung. Schließlich sagte er müde: „Auf also zum Fest des Lebens."

Im Tropicana noch kaum Gäste.

Sie gingen die Straße entlang, Richtung Reymar. Dunkel das Meer, silberne Striche. Annie lehnte am Geländer und blickte zum Leuchtturm hinüber. Regelmäßig die Scheinwerfer. Robert zog sie an sich.

Die Burgmauern beleuchtet. Schwarze Punkte am Meer. Der leere Strand und die Hotelkette. Ein Auto fuhr an ihnen vorbei. Robert machte eine Bemerkung, und Annie lachte. Links von der Straße ein zerklüfteter Felsen, Agaven. Nach der Kurve die Lichter des Grand Hotel.

Sie kehrten bald um. Mit Annie in der Mitte schritten sie

eingehängt die Straße hinunter. Ihr Parfüm lag in der Luft, sie hatte zarte Arme.

Robert kramte die Eintrittskarten aus seinem Sakko, hielt sie hin. Der Mann führte sie zu einem Tisch in der ersten Reihe, gegenüber der Bühne.

Robert bestellt drei Jerez und lachte Mark an.

Die übrigen Tische füllten sich.

Annie legte die Hand auf Marks Arm.

Robert meinte, sie könnten morgen zu dritt einen Ausflug machen, mit dem Auto. An den ersten Tischen beim Eingang teilten die Kellner Sektflaschen in silbernen Kübeln aus. Gerona, sagte Mark. Es wurde dunkel, und der Kellner stellte hohe Gläser vor sie hin, den Sektkübel in die Mitte des Tisches.

Die Band begann zu spielen, und der Vorhang öffnete sich. Klatschen. Begrüßung des Publikums. Annie neigte den Kopf, Robert küsste sie zärtlich auf die rechte Wange. Der Ansager strahlte und wiederholte seinen Text französisch. Zum Schluss spanisch.

Der Gitano mit seiner Gitarre, ganz in Schwarz. Setzte sich auf den niedrigen Stuhl, strich über die Saiten. Leise, verhalten. War auf einmal mitten in einem Lied, summte es mit. Melancholisch, getragen, schwermütig. Und plötzlich der Wechsel in feurige Klänge, rhythmisches Schlagen an die Holzwand der Gitarre. Sein Gesang, die Zwischenrufe. Der Mann verstummte, und die Melodie wurde einsam, ein paar Akkorde, wie eine endlose Weite, verlassen, eine trauernde, klagende, gebrochene Stimme. Die Melodie wehmütig. Bizarr und trostlos. Verzweiflung. Zärtlichkeit. Der schwarzhaarige Knabe, der in den Bergen umherirrt und einen glitzernden, versteinerten Tropfen Wasser sucht, der Knabe, der von jedem ausgelacht wird und verstoßen ist, der friert und hungert und Wunden an den Füßen hat, doch eines Abends seinen glitzernden Tropfen findet, ihn eine ganze Nacht lang über besorgt in seinen Händen birgt und betrachtet, aber im Morgengrauen einschläft. Und beim Erwachen merkt, dass er den Tropfen verloren hat. Die Melodie wird unbeherrscht, flammend, gleich darauf verzagt, unglücklich, niedergeschlagen, versiegt beinahe. Aber da tritt der Tänzer stolz auf, hoch erhobene Hände, wildes Klappern der Kastagnetten, wirft den Kopf zurück, steifbeinige stolze Schritte zur Mitte. Wilder Gitarrenklang, trommelt mit den Absätzen, wendet sich, die Hände mit den Kastagnetten sinken rasselnd herab. Die harten Schläge mit den Absätzen werden verhaltener, verklingen. Die Tänzerin kommt, ihr Thema klingt feurig auf der Gitarre auf, zunächst zart und leidenschaftlich, begehrlich, sie wird stürmisch umworben von der Männlichkeit: Fandango. Mit schriller Stimme hebt der Gitarrist herb zu singen an, die Stimme überschlägt sich. Wirbelnde Röcke, sie nähert sich dem Mann, ihre bloßen Arme vor seinem Gesicht. Sie sehen sich an, stürzen weg voneinander, leidenschaftlicher Kastagnettenrhythmus. Die Stimme rau und verzehrend: Als ich die Frau hinaufgehen sah, schien sie mir hochmütig, aber als ich sie zurückkommen sah, schien sie bescheidener als Seide, die im Meer gelegen hatte. Mitreißendes Trommelfeuer der Absätze, Fiebertanz der Kastagnetten. Ich glaubte, ich käme von Sinnen, als ich sie weinen sah, aber als ich bemerkte, dass sie wegen einem anderen weinte, da rannte ich fort. Nervenzerreißender Lärm der Absätze, die Spannung unerträglich, rauschende Spitzen und wilde Gestik. Da erlöst ein Gitarrenschlag. Geh von der Sonne, du verbrennst dich, geh von der Sonne, sie verzehrt dir dein braunes Gesicht. Beifall. Die Tänzer atmeten jetzt schwer, nasses Haar, Schweiß auf dem Gesicht.

Robert hatte den Arm um Annies Schultern gelegt.

Graziös und mit unbewegter Mine hob der Tänzer seinen

Hut auf. Der Ansager: Salvador de Castro y su ballet de arte Español. Eine berauschende Farbenpracht und die tiefschwarzen Augenbrauen der Tänzerinnen. Im Hintergrund die Männer. Bewegungen ruckartig, sie ziehen die Schultern hoch. Eine junge Frau löst sich stürmisch aus der Reihe, leuchtendrote Tracht der Andalusierin, eng an den Körper geschmiegt. Am Boden die lange Schleppe, in weite Falten auslaufend. Ihr Gesicht starr, die Augen funkeln, pechschwarzes Haar, hinten straff geknotet, eine rote Nelke. Betäubt tritt sie nach vorn, ein Zucken, drei Schläge mit dem Absatz, die Gitarre setzt heftig ein, Kastagnettenschlagen, immerwiederkehrendes Stampfen, die raschen Drehungen, das Gesicht verzerrt, schön in der Besessenheit. Der Kobold steigt aus dem Tanz der jungen Frau und bemächtigt sich der Herzen der Zuschauer. Zwischenrufe der Männer, ein wilder Reigen beginnt, Getöse der harten, derben Kastagnetten und Absätze, die wirbelnden Röcke, Hingabe. Farben: blau, rot, grün. Alle werfen schließlich die Arme hoch und erstarren.

Annie sah Mark an.

Er philosophierte: „Lebenslang gebannt in der Präzision der Bewegung. Ewiges Spiel mit dem Leben." Er lächelte: „Kampf der Geschlechter. Liebe und Tod."

Azules rejas, eine Sevillana aus der Mancha. Fröhliches Lachen, Händeklatschen, wirbelnder Schwung in den Röcken, anmutiges Drehen, ausgelassenes Treiben. Blaue Fenster zwischen grünen Jalousien, dort waren zwei Liebende, die sich versprachen, dass sie sich nur mit dem Tod vergessen würden. Übermut und Freude und Jubel auf allen Gesichtern, lebhafte Blicke, Lachen, stürmisches Finale. Die hübsche Tänzerin mit den hellblauen Stickereien im schwarzen Stoff verbeugte sich gegen die Tische hin.

Robert goss den Rest des Sekts ein und gab die Flasche auf den Hals gestellt in den Kübel. Die Band spielte nun

Tanzmusik unter voller Beleuchtung. Die Kellner reichten Päckchen mit Konfetti und Papierschlangen, Gläserklirren. Einige Paare begannen zu tanzen, Robert und Annie standen auf. Die ersten Konfettibomben zerplatzten über der Tanzfläche, Lachen und Gekreisch. Papierschlangen flogen quer durch den Raum. Annie und Robert tanzten. Er füllte sein Glas und trank. Papierschlangen, Konfetti auf seinen Schultern. La Bamba.

Die Band hörte zu spielen auf.

„Du sitzt ja ganz furchtbar arm und verlassen da", bemerkte Annie.

„Einfach zum Heulen", grinste er.

Im Saal wurde es dunkel, hinter dem Vorhang Bewegung und Geräusche.

Sie stießen an.

„Und morgen Gerona !" rief Annie fröhlich.

Der Ansager verkündete: „Pedro de Córdoba. El Picasso de la danza."

Schwarzes, offenes Hemd, hautenge Hosen, schwarzer Sombrero. Der Mann kommt ganz nach vorne und verneigt sich tief, springt dann einen Schritt zurück, lächelt, mustert das Publikum auf allen Seiten, sagt etwas. Zustimmung und Lachen im Publikum. Der Mann klatscht in die Hände, steht plötzlich ganz still, senkt das Kinn auf die Brust, in rotes Scheinwerferlicht getaucht, die Beine starr. Hebt langsam den Kopf. Eine grobknochige, hagere Gestalt, eingefallene Gesichtszüge, hohe Stirn, um die Backenknochen Schatten. Reißt die rechte Hand hoch, beginnt den trommelnden Rhythmus mit den hohen Absätzen. Verzweiflung und wachsende, steigende Unruhe. Die Beine zucken, eine rasche Wendung. Aber der Trommelwirbel verklingt jetzt verhalten, geschlossene Augen. Und dann jäh auf einmal der ungestüme Ausbruch, ein Feuer an Ekstase, Klatschen mit den Händen, schlägt den Rhythmus schmerzend auf seinen Schenkeln, sinkt auf die Knie nieder, schnellt rasch empor, zuckt die Arme, weit geöffneter Mund, aufpeitschender Lärm, Klatschen mit den Händen, reißt sich auf dem Absatz herum, biegt den Körper zurück, Arme bizarr in der Luft, versiegt, vergeht, verebbt, schießt plötzlich in wildem Temperament auf, Glut in den Augen, Arme drohend aufgerichtet, schleudert die Fersen wütend gegen den Boden, schlägt klatschend auf die Schenkel, stößt den Atem laut aus, reißt den Sombrero vom Kopf, wirft ihn zu Boden. Leiden, verzerrtes Gesicht, die Adern in den Händen treten groß und voll deutlich hervor. Das Stakkato der trommelnden Absätze erstirbt abrupt, der Mann sinkt auf die Knie, vibrierender Körper, springt hoch, wirft den Kopf schließlich stolz und hart zurück, erstarrt.

Applaus. Der Mann verneigte sich in alle Richtungen, hob seinen Sombrero auf, lächelte ins Publikum, Schweiß auf dem Gesicht, Verklebtes Haar, der Mann war glücklich. „More ?" fragte er. „Plus ?" „Wenig mehr ?" Das Publikum tobte, und der Mann hob lächelnd die Hand.

Wildes Stakkato, dann Ruhe, langsam folgende Schläge, das Gesicht verklärt, weit aufgerissene Augen, Klatschen gegen die Schenkel, brausende Wendungen, stoßweise Atem. Der Mann, der ausgezogen war, Liebe zu finden, Verachtung erntete und das Leben verdammte. Aber die Leidenschaft in der Brust. Wütende, zusammengeballte Fäuste, Ekstase des Rhythmus, ungebärdige Schreie der Einsamkeit, trommelnde Absätze, erschöpfter Sieg. Pedro de Córdoba.

Der Ansager kündigte nun Pedro Calonge an, El Rey de la Marimba. Robert und Annie klatschten, als der Mann mit silberschimmerndem Jackett und Smokingmaske auftrat, hinter seinem Instrument grinste, die beiden Klöppel in die Hände nahm.

Mark trank aus. Annie sah ihn von der Seite her an.

„Du gehst ?" fragte Robert besorgt und erhob sich höflich.

Mark nickte bloß.

Die kühle Luft auf dem Gesicht, als er aus dem Lokal trat. Die Festung lag nun im Dunkeln, nur mehr die Scheinwerfer des Leuchtturms blinkten herüber. Er bog nach rechts ab. Ruhe, Knirschen des Kiesbelags unter seinen Tritten. Er kam zur Brücke und ging hinüber. Ein junges Pärchen, eng umschlungen, er wich aus.

In der Snackbar am Platz Hochbetrieb, er blieb unschlüssig stehen. Wandte sich zu dem Lokal, in dem Beat gespielt wurde, elektrisch verstärkte Gitarren.

Er setzte sich auf einen Barhocker, bestellte. Der Keeper hatte eine Menge Gäste vor sich. Er betrachtete sein Glas und die Flüssigkeit darin. Er zählte die Flaschen auf dem Regal und las die Aufschriften, Edward, Richard, John, Bourbon, Remy Martin, Martell, Courvoisier, Calisay. Er bestellte nochmals Whisky, besah die Flüssigkeit in seinem Glas. Hob das Glas in Augenhöhe und blinzelte durch die Flüssigkeit hindurch.

Jemand berührte ihn sanft an der Schulter. „Hi, stranger !"

Er wandte den Kopf.

„Little one without love ?" fragte das Mädchen mit den großen Augen und begann zu lachen.

Er betrachtete sie.

„Remember the beach, this mornin' !"

Er stellte das Glas hin, nickte, knurrte: „Ach ja, du bist es, mit Blümchen auf dem Bikini siehst du ganz anders aus."

Sie sah ihn verständnislos an.

Er lächelte, sagte: „What a dream to see you again !"

Legte den Arm um ihre Schulter und drückte sie an sich. Bestellte einen Cocktail für sie.

Sie kletterte auf den Hocker neben ihm und erklärte jetzt: „My name's Suzann."

„But I called you Sweetie Pea."

„Am I ?"

„Du bist einfach ein reizendes Püppchen", sagte er und deutete dem Keeper, sein Glas sei leer.

Sie sah ihn mit großen Augen an.

„Und praktisch an dir ist, dass du mich kaum verstehen kannst", knurrte er.

„Tell me", bat sie.

Er lachte, beugte sich zu ihr hinüber, küsste sie aufs Ohr, auf die Wange.

Sie wiegte den Kopf, setzte ihr Glas an die Lippen und sah ihn über den Glasrand hinweg an. Dann begann sie loszuplaudern, mit ihren beiden Freundinnen unterwegs, sie deutete nach rückwärts, den ganzen Abend schon getanzt, ist nun spät geworden, da hätte sie ihn gesehen, ob er schon lange in dieser Kneipe wäre ? Als er keine Antwort gab, sprudelte sie weiter, erzählte, dass sie bereits eine ganze Woche lang hier sei, das Hotel, in dem sie wohne, es sei so herrlich und wunderschön am Strand, ihr erster großer Urlaub im alten Europa, sie genieße jeden Tag, und die Sonne am Strand, und das blaue Meer, gestern mit ihren Freundinnen in den Grotten, es sei großartig, der Wellengang heute, sie liebe das Meer.

Er stützte sich mit dem Ellbogen auf die Theke und hörte ihr zu. Schön geschwungene Lippen und die strahlenden Augen, zierliche Figur. Sie zappelte gerne mit den Füßen, während sie sprach. Um den Hals eine Kette aus bemalten Holzkügelchen.

Sie hatte ausgetrunken und bat, er möge mit ihr tanzen. Er legte den Arm um sie, sie sah ihn mit großen, verträumten

Augen an, er strich über ihre Wange. Sie schmiegte sich an ihn und schloss die Augen, als er ihre Lippen berührte, sie küsste. Der Geruch ihres Haars, ihr zierlicher Hals, die zarten bloßen Schultern, versteckte Brüste.

Er hob sein Glas, lächelte, trank aus. Stieg vom Hocker.

Sie ließ die Hand sinken. „We really shall meet again", sagte sie traurig.

Er lachte. „If the Good Lord should be willing."

„And I do hope he is."

Er ging die paar Schritte zum Hotel, lief hinauf und schlief sofort ein.

Montag 18. August

SIE FUHREN DIE KURVENREICHE STRECKE bergan, Mark im Fond. Zu beiden Seiten Korkwälder, niedergeduckt, voll Staub. War vor ein paar Jahren vollkommen abgebrannt, erzählte Mark, sagen die Leute hier. Sie überholten den blauen Bus, SP, Servicio Publico, ausgelastet mit Touristen. Eine volle Flasche Jerez sei hinten irgendwo vergraben, verkündete Robert lachend, als eiserner Vorrat.

Annie begann Guantanamera zu singen, hörte aber gleich wieder auf damit, lachte.

Mark kramte die Flasche hervor und öffnete sie und nahm einen Schluck.

Die Straße wand sich an den Hängen entlang. Sie hatten die Fenster heruntergelassen. Grüne Kuppen. Zwei alte Männer kamen neugierig entgegen, stoppelige Bärte, graue, zerschlissene Kappen. Ausgedörrtes Unterholz zu beiden Seiten der Straße, zerborstene Erdschollen, spärlicher Graswuchs. Immer bergan.

Sie erreichten die Ebene, die Straße jetzt schnurgerade. Rechts ein langgestrecktes, niederes Haus, Keramikgeschirr davor ausgebreitet, hellbraune Vasen und Töpfe. Daneben weißgraue Alabasterkrüge, Annie wandte sich danach um. Satteres Grün als bisher, kahle Äcker. In der Ferne Häuser. Llagostera. Annie küsste Robert, sanft legte er während des Fahrens den rechten Arm um sie.

Rechts vor der Wegkrümmung die pittoreske Kneipe mit dem Strohdach, ein großer quadratischer Platz davor, der

Bauer blickte ihnen nach, Zigarette zwischen den Lippen, stechende Blicke. Ein Stück weiter, und Mark deutete nach links, Bodega Ramirez. Die Fahrbahn stieg leicht an.

Bodenmarkierungen, zum Flugplatz, nach Gerona, weite Grünflächen, breite Straße, Gegenverkehr. Annie seufzte. Er zündete sich eine Zigarette an und blies Annie den Rauch ins Gesicht. Noch sechs Kilometer. Sie lachte und schlug mit der Hand nach ihm. Robert ordnete sich in die Kolonne ein, vor ihnen ein Franzose. Annie lehnte den Kopf an Roberts Schulter.

Hotels auf beiden Seiten, Ampeln, Ausländer. Sie fuhren ins Stadtzentrum. Annie sagte, sie sei enttäuscht, Mark habe Gerona doch als alte Stadt beschrieben. Eine Bande Halbwüchsiger überquerte lärmend die Straße. Mark dirigierte Robert zum Plaza de la Independencia. Autobusse, Fußgänger. Gestern war Markttag, sagte Mark.

Robert fand eine Parklücke, Annie küsste ihn rasch auf die Wange, sie stiegen aus. Ein Taxilenker lehnte an seinem Auto und unterhielt sich mit seinen beiden Kollegen. Robert hängte sich den Fotoapparat um. Sie gingen über den Platz und kamen zum Fluss. Robert hielt Annie an der Hand, sie lief neben ihm her.

Die Häuser gegenüber bunt bemalt, schmutzig, verkommen, abbröckelnder Verputz, grüne Jalosien, kleine Erker, verrostete Eisenstäbe. Fernsehantennen. Wäsche zum Trocknen vor und zwischen den Fenstern, in langen Reihen, Weiß, bunt. Unten das schlammige, schmutzige Flusswasser, braungrün und träge, der Schatten der Brücke darauf, Spiegelungen der farbensatten Häuser. Sonne über allem. Robert fotografierte.

Annie sagte, Mark habe recht behalten, es gefiele ihr nun schon besser. Sie spazierten über die Brücke, links der mächtige Turm von San Félix.

Die Stufen führten hinunter, düstere Torwölbung und dunkle Gassen, gepflastert, Papierabfälle. Der steile Weg zur Kirche, schwere Holztüren.

Annie lachte. Die Dunkelheit hielt sie gefangen. Stein und Holz, schimmerndes Gold vom Hauptaltar, leblose Nischen, römische Sarkophage. Sie verließen San Félix.

Weiter die gepflasterte Straße hinauf, zwischen kahlen Mauern, Annie lief voraus. Das Archäologische Museum, untergebracht in einer ehemaligen Kirche, blaue Wegweiser mit weißer Schrift. Kinder, sechs, sieben, acht Jahre alt, zerlumpte Kleidung, verschmutzt, umringten Annie, hoben die Hände, mitleiderregend graue, eingefallene Gesichter und zaghafte Gebärden, ein Junge legte den Kopf schief, sah auf, flehte, deutete mit den braunen Fingern auf seinen Magen, zerrauftes Haar. Robert hielt ihnen Münzen hin, ein paar griffen blitzschnell zu und liefen davon, die anderen warteten.

Mark drängte Robert weiter. Das Rudel der Kinder folgte in kurzem Abstand. Mark drehte sich um, stampfte mit dem Fuß auf, scheuchte sie mit den Armen fort. Sie ließen sich nicht verscheuchen, folgten ihnen. Mark schrie etwas, ein kleines Mädchen zeigte die Zunge. Annie lachte und nahm Mark an der Hand.

Steinwände, winkelige Gassen, unter Torbogen hindurch, holpriges Pflaster. Die Kinder schlichen sich nun an ihnen vorbei, zerrissene Hosen, große dunkle, schöne Augen, verschmitztes, listiges Zucken in den Gesichtern. Mark stampfte erneut mit dem Fuß auf. Jetzt streckten sie noch einmal die schmutzigen kleinen Hände von sich, zogen sie aber rasch zurück und stoben auseinander, jagten in wilder Flucht davon.

Vorne der Platz.

Die imponierend breite gotische Treppe, Fasssade barock,

reich verziert, Steinplastiken, die Rosette hoch oben über dem Eingang. Grelle Sonne über den Stufen weißer Glanz, Schatten in hartem Kontrast.

Die Kathedrale.

Düsternis, spärliches Licht durch die bunten Glasfenster, erdrückend wuchtige Pfeiler, verloren, ausgesetzt in der mystischen Weite, verzagt, einsam, zerschmettert in dem mächtigen Raum, dumpfes Ahnen. Das bedrückende Gefühl der Inquisition. Ampeln in gelbem Licht, die goldene Monstranz, ausgeliefert in der Dunkelheit. Die Nischen und Seitenaltäre versperrt durch die schmiedeeisernen Gitter, in einem Sarkophag der Heilige, nachgebildet aus Marmor, darüber die farbigen Rosetten, dicke Kerzen und Betrübnis, Trauer und Furcht.

Da war das Bild, wie er aufmerksam am Heck des Schiffes stand und die Möwen beobachtete, die hin und wieder in die schäumenden Wellen zustießen, doch kaum je etwas zu fangen schienen. Im Hintergrund die weißen Häuser von Lindos, in der Weite völlig verloren. Die zertrümmerten Reste einer Vergangenheit. Und rechts über der Insel die sinkende Sonne. Der anmutig segelnde Flug der Möwen und das plumpe Flattern nach dem seltenen Zustoßen. Die Passagiere an Bord waren müde von dem Tag auf See. Der griechische Boy kniff die Augenbrauen zusammen und zeigte seine weißen Zähne.

Annie berührte Marks Arm. „Du bist traurig", sagte sie.

Sie standen in der ehemaligen Sakristei, und Robert kaufte von dem Mann Ansichtskarten und ein silbernes Kettchen. Entrada für drei Personen: 30 Pesetas. Zuerst stiegen sie die paar Stufen zum Claustro hinunter. Mark folgte ihnen in den Kreuzgang. Annie lief auf den Brunnen in der Mitte des grasbewachsenen Platzes zu, Robert fotografierte sie. Sie beugte sich über den Steinrand, Robert lächelte, legte den Arm um ihre Schultern. Beide gingen gemeinsam die

Mauern entlang, betrachteten ein mächtiges Kapitell nach dem anderen, reich verziert. Annie sagte etwas. Die Sonne warf tiefe Schatten in die Reliefs. Robert antwortete und fotografierte, ihr sattgelber Hosenanzug und dahinter die frische grüne Fläche des Grases.

Annie lief auf Mark zu, wollte mit ihm fotografiert werden. Sie hielt Mark an der Hand und zog ihn mit sich umher.

Im Museum. Annie reckte den Hals, der Gobelin der Welterschaffung, im Zentrum der Weltenherr. Die Bibel Karls V. unter Glasschutz, Gemälde, geistliche Prunkgewänder.

Annie hielt Mark an der Hand, während sie den Text vom Handzettel herunterlas, den sie draußen bekommen hatte. Madonnenstatuen in der Dunkelheit.

Die Sonne stand hoch, flimmernde Luft. Wegweiser zu den Arabischen Bädern, Robert fotografierte eifrig den Eingang, Annie erhielt einen mit Informationen bedruckten Karton, las vor, dass sich auf dieser Stätte die Mauren des zwölften Jahrhunderts getummelt hatten. Der angestellte Kassier warf die Pesetas gleichgültig in seine Kasse und unterhielt sich weiter mit seinem dunkelhäutigen, sonnenverbrannten Zuhörer. Efeu an der brüchigen Mauer.

Mark trat als letzter ein.

In der ersten Etage das Wasserbecken, mit Flechten und Moos besetzt, darüber der Luftschacht. Annie tauchte den Zeigefinger ins brackige Wasser und strich Mark damit über die Wange, lachte. Mark fasste sie sanft an den Handgelenken und sah ihr ins Gesicht. Sie liefen über die Stufen hinunter zur tiefsten Etage, dem Dampfbad. Annie stolperte. Sie standen nebeneinander in dem engen Raum. Grüner Bewuchs auf dem verwitterten Gestein.

Sie gingen den Weg hinunter zum Archäologischen Museum. Robert sagte unhörbar leise etwas zu Annie, sie zuckte die Achseln, abweisend.

In einem finsteren Winkel das Holzrelief des San Sebastian, verstaubt, unscheinbar. Der Museumdiener aber wies sie darauf hin. Mark stieß Robert an, gab dem Museumsdiener eine Münze, Robert fotografierte die Tafel. Der Museumsdiener riss erst die Augen entsetzt weit auf, nickte dann aber zustimmend.

Sie traten auf den einstigen Klosterhof hinaus. Ein zweiter Museumsdiener schritt den Kreuzgang entlang, die Arme auf dem Rücken verschränkt. Annie deutete mit zusammengekniffenen Augenbrauen auf ihn, Robert fotografierte den Mann. Bruchstücke von Steinreliefs an den Wänden.

Klicken des Fotoapparates. Der Museumsdiener wandte sich nach ihnen um, Annie begann geschäftig einen Text herzusagen. Unter dem imposanten Gewölbe, wo einmal der Hauptaltar gewesen war, ein romanischer Holzchristus, die linke Seite mit grünem Belag überzogen.

Vor dem Museum küsste Annie Mark.

Sie aßen dann in einem kleinen Lokal der Neustadt. Robert bestellte für Annie und sich ein Fischgericht, das sie beide nicht kannten.

Da war der dünne Mann mit der randlosen Brille, las den Wirtschaftsteil, dürre Finger, der alte Autobus rüttelte und holperte während der Fahrt, Gestank des Besoffenen, zerfetzter Filzhut, das Gerede des Besoffenen, die Augen schließen, Lichter der Straße, die Augen des jungen Mädchens, der fette Besoffene mit seinem unrasierten Kinn, das anziehende Mädchen in der wohltuenden Dunkelheit, Abgeschiedenheit, helle Striche und Bogen und flimmernde Punkte, das Mädchen sah ihn offen an, dunkle Augen, dich begehre ich, das Rütteln und Vorgestoßenwerden beim Bremsen, Gesprächsfetzen im Rücken, ich liebe dich, deine Augen, deine Blicke, dein Gesicht, deinen schönen Körper, ich liebe deinen Körper, der miese Gestank des Besoffenen, Gelächter von hinten, ich habe es satt bis zum Kotzen, was ich an dir liebe, ist dein Körper, warum hast du einen so schönen, lockenden Körper, warum hast du auch ein so hübsches Gesicht, ich liebe dich und ich verlange dich, ich bin ohnmächtig im Verlangen nach deinem Körper, warum siehst du mich immer wieder fragend an, wenn ich die Augen geschlossen habe, ich sehe dich nicht mehr an, nein, ich werde dich nun nicht mehr ansehen, nie mehr, niemals, ich liebe dich, hübsche Larve, ich schließe die Augen und sinke und falle und taumle und falle, falle inmitten meiner idiotischen Punkte und Striche und Bogen, ich falle, liebst du mich, ich spüre, dass du mich ansiehst, warum liebe ich dich denn ? Er öffnete die Augen.

Annie lief voraus und erreichte rasch das Portal de San Christóbal. Eine orange Blüte zwischen den eingestürzten Gewölbebogen. Robert fotografierte. Aussicht auf die hellroten Dächer der niedrigen Häuser. Unkraut auf dem Weg, eine verrostete Laterne. Die wuchtige Mauer, auf die die herausragenden Ziegelreste Schatten werfen.

Mark zündete sich eine Zigarette an.

Annie begann mit Robert zu streiten. Worte wie lächerlich, verzweifelt, Langeweile, keinen Sinn, trostlos, Versager.

Mark ging den Weg hinunter.

Sie folgten ihm.

Sie gingen an San Félix vorbei, gingen über die Brücke. Farbflecken im Wasser, sinkende Sonne, die Häuserreihe in gelbliches Licht getaucht, malerisch. Fernsehantennen, trocknende Wäschestücke.

Sie fuhren auf der Landstraße. Robert schwieg. Annie schaltete das Autoradio ein.

Staub auf den Wäldern. Mark schloss die Augen, spürte, wie sie überholten, Kurven nahmen. Er kauerte sich in die Ecke. Annie sagte etwas zu Robert. Bekam keine Antwort. Sie fuhren schnell.

Mark zog die Beine an den Körper, verlagerte sein ganzes Gewicht in der Polsterung.

„Ist dir nicht gut, Mark ?" fragte Annie besorgt.

„Es geht", antwortete er.

Sie fuhren durch Llagostera. Annie schaltete das Radio ab. Das Bild der ewigen Straße, Windungen, Korkeichen. Mark zündete sich eine Zigarette an.

Du lachst so selten, hatte das Mädchen traurig gesagt. Heiß am frühen Nachmittag. Sie hatten das kleine Boot in einen abgelegenen Seitenarm gesteuert, Wasser schlug gegen die Bootswände, schäumte am Bug auf und spritzte über Bord. Geblähtes Segel. Er lag im Schatten und betrachtete das Wasser. Weit entfernt das Schilfufer. Ein Vogelschwarm erhob sich kreischend, blauer Himmel mit wenig Wolken. Sie machte eine Wendung und verlor den Wind aus dem Segel und ließ das Boot einfach treiben. Tang sammelte sich am Heck an. Er schloss die Augen, als er in die Sonne zu liegen kam.

Sie setzten ihn vor seinem Hotel ab, Annie gab ihm formell die Hand.

Er ging hinauf auf sein Zimmer, streckte sich quer über das Bett und rauchte, beobachtete das Stück Meer, das er gleich hinter dem kahlen Garten und den beiden niedrigen Häusern sehen konnte.

Er setzte sich auf und lehnte sich mit dem Rücken an die Mauer, stieß den grauen, kringelnden Rauch bedächtig und langsam aus, betrachtete den Rauch.

Er dämpfte die Zigarette ab, umschlang seine Knie mit den Armen, begann leise vor sich hin zu pfeifen. Hörte auf zu pfeifen und lauschte dem Tropfen aus dem Badezimmer, die Tür weit geöffnet ins Dunkle. Allmählich konnte er unter dem Spiegel das weiße Waschbecken wahrnehmen, Handtuch, Seifenschale. Er streckte sich auf das Bett aus, drehte sich zur Seite, bemerkte die Fliege im Licht des Fensters, wie sie planlos umherlief. Geräusche von der Straße. Er barg das Gesicht in den Kissen.

Es dunkelte.

Er setzte sich auf den Bettrand und pfiff vor sich hin. Er stand auf, ging ins Badezimmer, drehte den Wasserhahn zu, setzte sich nochmals auf den Bettrand. Er trat hinaus auf den Balkon, stützte sich auf das Geländer, wandte den Kopf zur Straße. Das Kino an der Ecke. Knirschen im Kies vor dem Hotel. Er legte sich aufs Bett, die Arme unter dem Kopf, starrte zur Decke. Pfiff vor sich hin, En Aranjuez con tu amor, Cuando calienta el sol, hörte auf damit.

Er stand auf, ging hinunter, gab den Zimmerschlüssel ab. Sweetie Pea.

Er schlenderte langsam die Straße entlang, musterte alle Auslagen, blieb vor den Toledo-Säbeln stehen. Spanische Püppchen, Armreifen, Rüschen an Kleidern, Toros mit den Banderillas im Nacken. Er steckte die Hände in die Hosentaschen, pfiff vor sich hin. Setzte sich an einen freien Tisch vor dem Café. Der Boy kam. Er bestellte Coca-Cola, aber sehr kalt, zündete sich eine Zigarette an, nahm einen tiefen Zug, wartete.

Plötzlich sah er sie auf der gegenüberliegenden Straßenseite an einem Tisch sitzen. Er sprang auf. Mit ihren beiden Freundinnen, ihr rechtes Profil voll der Straße zugekehrt. Er warf die Zigarette weg, auf den Gehsteig.

„Hi", sagte er laut und legte ihr eine Hand über Stirne und Augen. Ihre Freundinnen kicherten. Sie stieß seine Hand fort, sah ihn, sprang auf und um armte ihn.

Sie würden sich nach dem Abendessen treffen, pünktlich auf dem Platz.

Er schlang Fleisch und Salat hinunter, ging auf sein Zimmer, sah auf die Uhr, lehnte sich auf das Geländer des Balkons, rauchte. Sweetie Pea. Er fuhr hoch, rannte hinunter, kaufte im nächsten Lebensmittelgeschäft zwei Flaschen Sekt, aber douce, por favor, stellte sie vorsichtig ins Waschbecken, ließ kaltes Wasser darüberfließen. Lehnte sich dann an den Türrahmen. Rauchte.

Sie wartete bereits und kam ihm jetzt entgegengelaufen, ein leichtes, duftiges Kleidchen, sie hängte sich fröhlich bei ihm ein.

„Our Good Lord is willing", sagte sie lachend.

Aus einem dunklen Lokal klangen Gitarrenrhythmen, eine kratzende Stimme. Noch kaum Gäste. Sie bekamen den Tisch in der Ecke. Sie wollte keinen Alkohol. Der Mann im grünen Jackett mit den schwarzen Punkten begann ein Lied zu singen, in dem abfällig die Worte Coca-Cola vorkamen, blickte herüber in ihre Ecke.

Er sagte ihr, er habe Champagner in seinem Hotelzimmer stehen, wäre zwar bestimmt noch nicht ganz eiskalt, aber immerhin genießbar. Sie sah dem Tänzer zu. Er bestellte Jerez, auch für sie. Sie nippte an dem Glas und küsste ihn zärtlich auf die Wange.

„Bist du aber entzückend", sagte er.

Der Tänzer schlug kräftig mit den Absätzen, klapperte mit seinen Kastagnetten, aber sang Schlager. Suzann war trotzdem hellauf begeistert, trank ihren Jerez aus.

In einer Pause, als neue Gäste kamen, erzählte sie, dass sie noch nie so etwas Schönes gesehen hätte. Er legte den Arm um sie. Sie tuschelte, der Tänzer habe sehr schönes Haar, seine Bewegungen elegant, so angespannt, wie er immer herübersähe. Schließlich standen sie auf und gingen.

Sie wollte hinunter zum Strand, das Meer sehen. Sie blickte hinauf zum Leuchtturm und schmiegte sich an ihn. Sie umarmte und küsste ihn mit geschlossenen Augen, legte den Kopf an seine Brust. Er erklärte, er habe Champagner im

Zimmer stehen. Sie lief ein paar Schritte vor ihm über den Sand, ihr Haar flatterte.

„Okay", rief sie fröhlich.

Er nahm ihre Hand, tupfte ihr auf die Nase, sie lachte. Sie gingen über die Brücke, und Suzann sagte, es wäre hier so wunderschön, sie hätte noch nie einen so schönen Urlaub gehabt, so wunderschön.

Er sagte ihr leise, sie sei ein wunderschönes Mädchen.

Sie inspizierte sein Zimmer sehr genau und bemängelte, wie unordentlich er die Kleider über den Stuhl geworfen habe. Dann bemerkte sie den Sekt, lachte laut auf, drehte den Wasserhahn zu, nahm eine tropfende Flasche aus dem Waschbecken.

Erst wollte sie keinen Alkohol trinken, um nicht betrunken zu werden und nicht mehr heim zu finden. Aber er sagte, er wäre doch die ganze Zeit bei ihr.

„And you will takin' me home ?" fragte sie.

Er nickte, und sie schälte lachend und eifrig das Goldpapier vom Flaschenhals ab.

Der Sekt schäumte in den Gläsern, sie saßen auf dem Bettrand nebeneinander. Sie gab ihm einen schallenden Kuss auf die Wange und lachte hell auf. Er zog sie an sich.

Der Saum ihres dünnen Kleidchens glitt über ihre Schenkel. Er küsste sie, und sie fand kaum mehr Atem. Sie tranken die Gläser leer. Er stellte seines auf das Tischchen, ihres daneben, schenkte erneut ein. Sie sah ihn an.

Er nahm ihr Gesicht in beide Hände.

Sie griff nach ihrem Glas und zwinkerte.

Seine Hand lag jetzt auf ihrem Schenkel, und sie trank und zwinkerte, sagte etwas.

Plötzlich rückte sie beiseite und sah ihn ernst an. Er küsste sie lange und zärtlich, hielt sie in den Armen, zog sie zu sich auf die Decken. Sie sah ihn ängstlich an. Er strich ihr übers Haar. Sie hatte die Lippen ein wenig geöffnet und fuhr nachdenklich mit dem Zeigefinger über seine Wange, Nasenrücken, Mund. Seine Hand lag auf der bloßen Haut ihres Schenkels.

Er sah sie an und strich über ihr Kleidchen.

Sie zog das Kleidchen zögernd aus, während er auf dem Bettrand saß und ihr zusah und aus seinem Glas trank. Sie trug keinen Büstenhalter.

Sie legte das Kleidchen behutsam über die Stuhllehne, sah ihn ernst an, hielt die Arme über die Brust gekreuzt.

Er küsste sie auf Bauch und Brüste, spielte mit der Zunge mit ihren Brustspitzen, sie schrie auf.

Er spielte weiter mit seiner Zunge, strich ihr über die Brust, den tiefen Nabel, bis zum schmalen Saum ihres Höschens. Sie atmete heftig, packte seinen Kopf mit beiden Händen und versuchte ihn wegzudrängen.

Mit einer Hand fuhr er über ihren Rücken und den glatten Po, mit der anderen zog er den Saum ihres Höschens ein klein wenig nach unten, bis zum geraden Ansatz ihrer Schambehaarung.

Sie schrie auf und wehrte sich.

Er schmiegte den Kopf an ihre Brüste und sagte verhalten: „Ich liebe dich."

Sie atmete heftig und seufzte und sagte dann weinerlich: „I'm afraid, dear."

„Ich liebe dich", sagte er.

Sie schüttelte den Kopf und hatte Tränen in den Augen und sah ihn erregt an, seinen Kopf noch immer fest mit beiden Händen gepackt, und sie umarmte ihn mit beiden Armen und drückte ihn an sich.

86

Er machte sich von ihr los und blickte sie begehrlich an. Sie beobachtete ihn mit weit geöffneten Augen, während er ihr Höschen wegschob, und schließlich half sie ihm, das Höschen über ihre Füße zu ziehen.

Seine Hand tastete langsam über ihren nackten Bauch und streichelte über ihre Schambehaarung, und er tauchte mit einem Finger in sie ein und rieb. Sie schrie auf und atmete heftig und flüchtete sich in seine Umarmung.

Er drang heftig in sie ein. Sie zitterte und weinte, legte aber schluchzend die Arme um seinen Nacken und zog seinen Kopf an sich, schmiegte ihr Gesicht an seine Wange.

Er machte sich los, stieß in sie, drang tief in sie ein.

Sie hatte jetzt die Augen geschlossen, den Kopf zur Seite gedreht, ihre Mundwinkel zuckten. Doch sie begann ihren Körper langsam zu bewegen. Er hielt sie fest an den Handgelenken gepackt, und seine Stöße waren schnell und tief, dann plötzlich sank er, atmete schwer, presste sich in sie, sie schrie auf, bog ihm ihren Unterleib entgegen, und er versank in sie.

Sie lächelte und sah ihn an, mit großen Augen. Er küsste sie. Sie strich mit der Hand über seine Wange und sein Haar, und sie begann wieder ungehemmt zu weinen, und sie lachte glücklich.

Er setzte sich auf und griff nach seinem Glas. Sie legte die Schenkel aneinander und rückte zu ihm. Ihre Finger glitten zärtlich über seinen Rücken.

„Lass das", sagte er.

Sie zuckte zusammen und sah ihm ins Gesicht.

„Have a drop ?" fragte er und grinste und hielt ihr das Glas hin und schlug ihr sanft auf die Schenkel.

Verwirrt winkelte sie die Beine an, arbeitete sich hoch und setzte sich vorsichtig neben ihn, sah ihn an, legte die Hand auf seine Schulter. Dann stand sie auf und verschwand im Badezimmer. Er hörte, dass sie schluchzte. Mit dem Glas in der Hand stützte er die Ellbogen auf die Knie, trank, starrte vor sich hin.

Schließlich stand er auf und ging zu ihr ins Badezimmer, zog sie an sich, küsste sie auf beide Wangen, strich ihr über Haar und Nacken.

Sie lag in seinen Armen, zitterte. „Du warst gut für mich", sagte er. „Ich brauche dich."

Sie weinte, barg den Kopf an seiner Schulter. Er drückte sie fest an sich. „Du hast schönes Haar und ein sehr schönes Gesichtchen", sagte er. Sie schmiegte sich an ihn.

„Am I your Sweetie Pea ?" fragte sie leise.

„You are."

Sie sah ihn an und begann langsam zu lächeln. Sie schloss die Augen und küsste ihn.

„But just one moment more, please", bat sie und machte sich plötzlich los.

Er setzte sich im Zimmer zu seinem Glas.

Nach einer Weile kam sie aus dem Badezimmer, zog das Höschen vor seinen Augen lächelnd an und setzte sich zu ihm, küsste und küsste ihn, strich ihm übers Haar.

„Du bist ein entzückendes, niedliches Mädchen", sagte er und lächelte.

„Can't understand", bat sie.

„Wirklich schade, dass ich nicht in dich verliebt bin", grinste er. „Aber du bist tatsächlich ein wunderbares Mädchen."

Sie stießen nochmals an. Suzann kicherte und küsste ihn immerfort schallend.

Schließlich kleideten sich beide an, und er brachte sie zu ihrem Hotel. Sie sagte, sie freue sich auf morgen, auf den wunderbaren Strand, sie würde warten und sich so lange nach ihm sehnen, bis er käme.

Er küsste sie zart und zärtlich, und sie winkte noch nach ein paar Schritten. Sie blieb so lange vor dem Hoteleingang stehen, bis er sich nochmals nach ihr umgewandt hatte und endgültig ging.

In seinem Zimmer öffnete er beide Fensterflügel so weit wie möglich und legte sich rücklings aufs Bett. Begann zu rauchen und hörte den harten, lärmenden Beat aus einem der Lokale in der Nähe.

Er blickte zur Decke, streifte die Schuhe ab.

Dienstag 19. August

ALS ER ERWACHTE, stieß er den vollen Aschenbecher vom Tischchen. Er fluchte laut, wusch sich, blickte auf die Uhr, holte recht widerwillig Strandtuch und Badekleidung vom Balkon, warf alles aufs Bett, knöpfte das Hemd zu. Ging die Treppe hinunter zum Frühstück.

Auf einem der Barhocker saß Annie.

Sie lächelte, fragte: „Noch sehr verschlafen, junger Herr? Ich warte hier schon eine Ewigkeit."

„Hallo", sagte er.

„Nun geh erst einmal schön brav und artig frühstücken", befahl sie „wie es sich eben gehört."

„Wo ist Robert?" fragte er.

„Mein Geheimnis", flüsterte sie und lachte. „Er musste nach Barcelona. Du weißt ja, dass er eigentlich beruflich hier ist. Seine furchtbar wichtigen Konferenzen beginnen heute. Die ganze Woche lang werden Konferenzen sein."

Mark nickte.

Das Serviermädchen lächelte ihn an, als sie an ihm vorbeihastete. Er brach das Gebäck in zwei Teile und kaute und blickte zum Fenster hinaus. Kiesweg und Tische und Stühle vor dem Eingang. Er sah zur Bar hinüber. Sie saß auf dem Hocker, baumelnde Beine, unterhielt sich mit dem Verwalter. Ein neues Kleid, die zierliche Handtasche mit bunten Streifen, gelb, violett, grün, rosa, auf den Hocker daneben gelegt. Der Verwalter schnitt eine Grimasse, während er die Schultern hob und seine Hand über die Theke fegte.

Mark ging hinaus.

Der Verwalter sorgte für Musik, „Aranjuez".

„Gestern hast du die ganze Flasche Jerez allein getrunken", sagte Annie vorwurfsvoll und lächelte.

Mark sah ihr in die Augen.

Der Verwalter spülte Kaffeeschalen ab, beschäftigte sich an der Bar, reinigte ein Regal mit dem Tuch, sagte etwas auf spanisch.

„Du bist heute den ganzen Tag allein ?" fragte Mark.

„Nein, ich habe ja dich."

Der Verwalter spielte jetzt wieder „Toledo".

Mark stieg vom Hocker. „Ich gehe mich rasch umziehen."

„Ich komme mit", sagte sie.

Sie ging vor ihm die Treppe hinauf.

„Du hast hübsche Beine", sagte er. Drehte den Schlüssel im Schloss, stieß die Tür auf, sie trat ein.

Unordnung, die Badesachen verstreut auf dem Bett.

Sie setzte sich auf den Bettrand. „Hast du aber eine nette Klause", stellte sie fest.

Er blieb vor ihr stehen.

„Mark", sagte sie.

Mit einer plötzlichen Bewegung zog er ihren Körper an sich, küsste sie auf den Hals, die Schulter.

„Nicht jetzt", bat sie. „Doch bitte nicht jetzt !"

Er ließ sie los.

Sie zitterte, nahm seine Hand, sah ihm ins Gesicht.

Er blickte sie an.

Sie sagte nichts.

Er wandte sich ab. Sperrte den Koffer auf, steckte Geld-scheine in die Hosentasche. Griff nach der Badehose auf dem Bett, ging ins Badezimmer.

„Wir werden heute eine Bootsfahrt machen !" rief er. „Der ganzen Küste entlang. Du hast ja gestern ohnehin mehr-mals erwähnt, wie gerne du Boote lenkst."

„Ich lenke nicht nur gerne Boote", sagte sie lachend.

Er kam rasch fertig aus dem Badezimmer, sie stand auf, sie verließen den Raum, er sperrte ab, wandte sich zur Treppe.

Jetzt wollte sie ihn zurückhalten. Sie küsste ihn, strich ihm über Haar und Wange. „Haben wir doch noch etwas Zeit ?" fragte sie.

Er lächelte. „Komm jetzt", sagte er und ging auf der Treppe voraus.

Der Verwalter grinste, als Mark den Schlüssel abgab.

Weit draußen am Meer steuerte sie das gemietete Boot, bog zur Küste ab, Wasser spritzte ins Boot. Es wurde heiß. Verwitterte Felsen und Brandung, Agaven. Die Bluse, die sie übergezogen hatte, flatterte im Zugwind. Ihre Brille mit großen, hellgrünen Rändern. Zerschäumende Wellen. Ihre gebräunte Haut. Sie blickte konzentriert geradeaus.

Die junge schöne Negerin, die in der schwülen, verrauchten Kneipe gesungen hatte, raue, zarte, empfindsame Stimme, Lippen aufgeworfen, dunkle Augen, ihre schlanken Arme, in der Hand eine Rose, eine hellrote Rose, zerbrechliche Blütenblätter, ihr zierlicher Körper unter dem eng anlie-genden Kleid, ihre Beine, als er sie am nächsten Abend am Place bemerkt hatte und hinter ihr hergelaufen war, die Hände in den Manteltaschen vergraben, wie sie sich umgedreht hatte, ohne ihn zu bemerken, wie er sich ihren nackten Körper vorgestellt hatte und ihre Augen, ihre Hände, Zärtlichkeiten, wie er sie geliebt haben würde, aber er verlor sie aus den Augen, und in der Kneipe sang sie nicht mehr, und er wagte nicht, nach ihrem Aufenthalt zu fragen, er streunte immer wieder in den Winkeln und Gässchen um den Place umher, lief den Boulevard ab, trank Pernod in den Jazzclubs und torkelte spät über die Straßen, immer ihre Schenkel vor sich, ihre Stimme und ihre Augen und die Rose, die hellrote Rose, die die gleiche Farbe wie ihr Kleid gehabt hatte.

Sie lagen in einer winzigen Bucht im heißen Sand, Mark rauchte. Im Wellengang hob und senkte sich das kleine Boot. Blauer, leerer Horizont, die Sonne. Hoch oben auf den Felsen vereinzelt Agaven, spärliches Gras.

Annie drehte sich auf die Seite, ließ Sand durch ihre Finger gleiten, legte sich auf den Bauch.

„Ich mache mir etwas vor", sagte sie.

Er schwieg.

„Ich bin ein kleines, zerbrechliches, sensibles Mädchen."

Er sah sie an, lächelte.

„Das bin ich wirklich, Mark", sagte sie. Spielte mit dem Sand. „Ich würde alles tun, um nicht mehr einsam zu sein."

Ein Segelboot fuhr vorbei, Mädchen mit orangefarbenem Bikini an Bord, geblähte Segel. Der junge Mann saß im Lee und blickte herüber.

„Hörst du mir zu ?" fragte sie.

Er nickte.

„Ich liebe Robert nicht", sagte sie. „So wie Liebe für mich sein muss."

„Ist diesmal er ausgerissen ?"

Sie lächelte, schüttelte den Kopf. „Er ist wirklich beruflich in Barcelona, für seinen Konzern. Das erste Mal. Er war recht nervös, als er gegangen ist. Es gibt etliche Kollegen und Neider, die ihm hart zusetzen."

Mark dämpfte die Zigarette im Sand ab, scharrte Steinchen über den weißen Stummel.

„An jedem Streit mit ihm bin ich schuld, ich weiß das. Er ist viel zu schwach und zu gütig, um wirklich zu streiten. Auch gestern. Ich kann kein Erlebnis mit ihm teilen. Und er will nichts mit mir wirklich erleben, so wie ich mir das vorstelle."

Mark musterte den Horizont.

Sie lachte. „Dass er dich vor ein paar Tagen in Barcelona ansprechen sollte, war nur meine, meine Idee. Ich hatte dich immer wieder am Strand beobachtet, deine Lebensfreude, deine Unbekümmertheit.«

Mark lachte.

Robert habe einen Bruder, ein Jahr älter, und er habe stets darunter gelitten, dass sein Bruder von den Eltern mehr geliebt und anerkannt worden sei als er. Robert brauche sie, Annie, seine schöne Frau. Robert sei ein Schwächling. Es sei ihr völlig unklar, wieso er beruflich überhaupt recht beachtliche Erfolge habe. Von seinem Bruder meine er, man könne sich nicht so planlos durchs Leben schlagen, ihm fehle die Konsequenz, Verantwortungsbewusstsein. Der Bruder habe einmal eine Kolumbianerin kennengelernt und sei nahe daran gewesen, einfach auszuwandern, das Mädchen sei aber dann schließlich durchgebrannt, habe von Rom aus bloß geschrieben, sie habe sich jetzt mit einem Italiener verlobt. Worauf Roberts Bruder geradezu postwendend nach Rom gepilgert und dort geblieben sei. Irgendwie sei er Korrespondent einer Zeitung geworden, schlage sich jetzt in Sizilien herum. Robert habe ihr einmal gestanden, als Kind habe er oft geheult, weil sein Bruder immer bevorzugt, einfach mehr geliebt worden sei.

Mark schwamm jetzt eine kurze Strecke ins Meer hinaus.

Gegen zwei Uhr legten sie nahe eines dicht bevölkerten Strandteils an, riesige Sonnenschirme und Luftmatratzen. Sie aßen in einem der großen Hotels. Annie bestellte als Vorspeise Muscheln, dann leckeren Fisch, Stockfisch auf katalanische Art, Bacalao à la catalana, Knoblauch, Tomaten, Petersilie. Sie kannte noch nicht die Fischstände in der Markthalle seitlich der Ramblas.

Später fuhren sie dicht an einer Grotte vorbei, weit hinten in der Höhlung weißer, abgelagerter Sand, die Wände von Flechten und Moos übersät, tiefe Schatten, Klippen vor der Höhle, das Meer türkisfarben. Schaumkronen auf den paar Wellen. Annie beugte sich über Bord, hielt die Hand ins Wasser. Sie sprachen nicht.

Er erinnerte sich ganz plötzlich. An den Wänden Illustriertenfotos, ein paar alte Filmplakate, Modereklame, an den Ecken ganz verbogen, seitlich eingerissen, manchmal leicht vergilbt, ein Babykopf und ein Opernsänger, Ausschnitte aus Tageszeitungen, abgerissene Schlagzeilen, über dem Ofen der Coca-Cola-Kalender mit langbeinigem, langhaarigem Mädchen, in der ausgestreckten Hand eine Flasche, lächelnd, Telefon auf dem Tischchen, verstreut Taschenbücher, abgegriffen, sie zog damals einen Plattenspieler unter der Couch hervor und legte eine Langspielplatte auf, Orgelmusik von Bach, Albert Schweitzer spielt für Lambarene, er hatte die schwarze Kartonhülle in der Hand gehabt, sie erzählte plötzlich von ihrem Verlobten, der mit dem Küchenmesser auf dem Boden liegt und schreit, am Handgelenk blutet, lacht, grinst, als sie besorgt das Blut mit dem Taschentuch abwischt, das Prälude, das Seitenthema, verhalten, dunkle Töne, alla breva, wieder das Hauptthema, und Lisa, sagt, immer haben sie mich geneckt, weil ich keinen Freund habe, er hatte ihre Hand genommen, voll Angst sagt sie, das darfst du nicht tun, plötzlich erklärt sie,

Liebe ist unvergänglich, komm mit, ich zeig' dir etwas, nur ich kenne es, sie hatte zwei Finger in das Weihwasserbecken getaucht und sich bekreuzigt, war vor ins Mittelschiff getreten, vor zu den Bankreihen, daran vorüber zu einem Seitenaltar, war niedergekniet, Kopf gesenkt, gefaltete Hände, murmelte, hier ist es, er hat mich hier geküsst, und sieh meine Hände, meine heiligen Kreuze, präge sie dir ein, bewahre sie, du musst mich jetzt küssen, hier, er hat mich hier geküsst, du musst mich küssen, sie waren über Stufen gestolpert, er hatte sie weggezerrt, eine verrunzelte Frau hatte zu keifen begonnen, im Freien hatte sie sich wütend losgerissen, geschrien, was fällt dir ein, mich anzufassen, dann ausdruckslos vor sich hingeblickt, gestammelt, alles ist vorbei, alles ist vorbei, es war Frühling und er war so nahe bei mir, du hast mir viele bunte Blumen geschenkt, zarte Knospen, er ist aber darauf getreten, hat sie alle getötet, meine schwarzen Kreuze, gemordet, meine heiligen schwarzen Kreuze, er überraschte sie, wie sie dem anderen Mädchen bei Orgelmusik ihren Körper nackt und stöhnend hingegeben hatte.

Annie blickte Mark ernst an, sah dann verlegen auf die Bootsplanken. Sagte: „Vielleicht kann ich überhaupt nicht Liebe geben." Und nach einer Pause: „Glaubst du, dass man ohne Liebe leben kann ?"

Er steuerte jetzt um die schroffen Klippen herum, zwischen zwei Felsen hindurch. Sinkende Sonne.

„Aber wahrscheinlich hältst du mich einfach nur für eine dumme, überspannte junge Frau", sagte sie.

Er schüttelte entschieden den Kopf, beobachtete aufmerksam die Klippen.

„Robert hat heute Geburtstag", erklärte sie müde, „er wird am Abend aus Barcelona zurückkommen."

Er steuerte geradewegs auf die Boot-Ausleihstelle zu.

„Heute morgens hatten wir noch Streit, bevor er abfuhr",
berichtete sie.

Sie gaben das Boot ab. Annie griff nach seiner Hand und
lief neben ihm her.

„Ich werde ein Mädchen mitbringen", sagte er.

Sie sah ihn überrascht an, schwieg. Schließlich zuckte sie
die Achseln und meinte: „Ihr seid beide eingeladen."

Abend. Er wartete in Suzanns Hotel ziemlich lange auf sie,
bevor sie mit einer Tasche voller Souvenirs eintraf.

Warum er heute morgens denn nicht zum Strand gekommen sei ? Sie habe so sehr auf ihn gewartet, der ganze Tag
wäre sad and blue gewesen ohne ihn, lonely.

Er sei furchtbar krank gewesen, log er, schreckliches Kopfweh gehabt, grinste.

Little bit drunken, fragte sie. Er nickte und küsste sie sehr
zärtlich, legte den Arm um ihre Schultern. Sie gingen zum
Platz hinunter.

Robert erklärte treuherzig, er freue sich wirklich riesig,
dass sie gekommen seien.

Der Zigeuner in den engen schwarzen Hosen, eine Narbe
im Gesicht, sang eine Ballade über El Cordobès, hämmerte mit den Absätzen auf den Holzboden. Der Gitarrist hielt
den Kopf gesenkt, begleitete nur beim Refrain. Schmale,
eckige Tische.

„Was trinkt deine kleine Begleiterin ?" fragte Annie.

„Sie versteht nur Englisch", erklärte Mark. Er fragte Suzann.

Der Sänger setzte mit kehliger Stimme ein, machte plötzlich
ein paar Tanzschritte. Rote, grüne Lampen an den Wänden.
Die Spanierin, die servierte, kam mit ihrem Tablett an den
Tisch. Schwarzes Kostüm, tief dekolletiert, weiße große
Ohrringe, rote Spitzen auf dem Kostüm.

Sekt. Robert stand auf. Sie prosteten ihm zu, er lachte, er war glücklich. Er legte eine Hand auf Annies Schulter. Sie sah vor sich hin, als er sprach. Er küsste sie und hob nochmals das Glas, küsste sie. Er setzte sich.

„Eine niedliche Freundin hast du", sagte Annie. „Wie oft hast du mit ihr schon geschlafen?"

„Mark liebt sie!" verkündete Robert.

Suzann sah Mark fragend an.

„Und sie liebt Mark!" lachte Robert.

Suzann errötete, rückte nahe an Mark.

Robert sah Annie an. „Wir haben unser Kriegsbeil endgültig begraben«, erklärte er. „Darauf stoßen wir jetzt an!"

Der Zigeuner machte eine Pause, trank einen Schluck Rotwein aus seinem Glas, unterhielt sich mit dem Gitarristen. Nebenan stand eine Gruppe von Gästen auf. Die Spanierin stellte die Stühle zurecht. Annie füllte ihr Glas nach, trank.

Robert schilderte seine Konferenz, erzählte von Barcelona, der heißen Stadt. Mittagessen in einem Restaurant, von dem aus man die Menschen auf der Straße beobachten konnte. Irgendwelche Ungetüme aus dem Meer habe es gegeben, bemerkte er. Immer nur Fisch. Lachte. Annie sah ihn an, nachdenklich.

Suzann hörte aufmerksam zu, Mark betrachtete ihre schlanken Arme, Hände, ihr Gesicht, die schönen Augen. Sie warf einen Blick auf ihn und küsste ihn sofort auf die Wange. Ein tief ausgeschnittenes, zartes Kleidchen.

Annie trank, beobachtete Gäste am Nebentisch.

„Du wirst ganz bestimmt noch ein großer Geschäftsmann", sagte Mark zu Robert.

Robert beugte sich zu ihm und erklärte vertraulich, es habe ohnehin lange Zeit gebraucht, bis er endlich seine jetzige

Position erreichte, es seien schwere, zähe Kämpfe unter den Kollegen gewesen, aber er habe sich schließlich durchgesetzt, er habe nie aufgegeben, er habe unbedingt etwas werden wollen, trotz aller Schwierigkeiten und natürlich diversen Demütigungen, er habe einfach etwas erreichen wollen. Nach der heutigen Konferenz wüsste er, dass er es jetzt geschafft habe.

Annie drehte das Glas in ihrer Hand, rauchte. Musterte nachdenklich Suzann. Suzann und Mark.

Am Tisch nebenan wurde Bier bestellt. Eine füllige, derbe Ausländerin lachte laut heraus. Die Wände dekoriert mit leeren Weinflaschen und Zwiebelkränzen.

Mark nahm bedächtig eine Zigarette aus seiner Packung. Suzann tupfte ihm auf die Schulter und deutete auf die Zigarettenpackung, warf schmollend die Lippen auf. Er lächelte und steckte ihr seine Zigarette in den Mundwinkel. Gab ihr Feuer. Sie machte zwei hastige Züge, bekam Rauch in die Augen, hustete, trat die Zigarette an Mark ab.

Annie bat Mark um eine Zigarette. Sie sprach undeutlich. Sie nahm die Zigarette, dankte und trank.

Suzanns Lippen hellrosa geschminkt, große Augen, wenn sie Mark ansah, große blaue Augen. Er sah noch deutlich vor sich, wie sie ihm geholfen hatte, ihr Höschen über die Füße abzustreifen, ihre schlanken Beine und ihre Schambehaarung. Te quiero mucho, sagte er zu ihr, zog sie an sich. Sie sah ihn über den Rand ihres Glases an und fragte leise, was das heiße.

Er sagte es ihr, und sie küsste ihn dafür, umarmte ihn. Sah ihn mit großen Augen an. Mucho, mucho, mucho, sagte er ihr und lächelte.

„Sieh doch her, wie die beiden sich lieben", sagte Annie zu Robert.

Robert küsste Annie, lehnte sich an sie. Annie kicherte,

kraulte ihn am Nacken, fuhr mit dem Zeigefinger an seiner Wange entlang und grinste, grinste.

„Du bist ein wenig betrunken", lachte Robert.

Annie blies das Streichholz aus, mit dem sie sich gerade eine Zigarette angezündet hatte, legte den Kopf zurück. Zog eine Grimasse, sah Robert gespielt durchdringend an. Robert küsste sie.

Mark drehte sein Glas langsam auf dem Tisch.

Der Zigeuner sang, hämmerte wütend mit den Absätzen auf den Holzboden, klatschte mit den Händen, die Gitarre fiel mit hartem Rhythmus ein.

Annie stieß Robert an. „Mark liebt sein Mädchen viel, viel mehr als du mich", schmollte sie.

Nebenan lachte die beleibte Ausländerin nochmals schrill auf und schütterte am ganzen Körper.

„Mark", sagte Annie, „du hast da ein wirklich süßes, rosiges Mädchen!"

Der Zigeuner warf die Hände wild auf, erstarrte. Applaus. Der Zigeuner setzte sich und trank von seinem Wein. Der Gitano ging hinaus.

Annie trank. Hob das Glas gegen Suzann. „Trinken wir auf dein rosiges Mädchen", kicherte sie.

Suzann errötete, als sie Annie ansah und einen Schluck aus Marks Glas nahm.

„Ein rosiges Mädchen", wiederholte Annie. Dann: „Und wann und wo habt ihr zuletzt miteinander geschlafen?"

Robert sah sie an.

Sie kicherte unentwegt, sie konnte den Kopf nicht mehr aufrecht halten. „Ich habe nur leise gefragt, ob sie schon miteinander geschlafen haben", verteidigte sie sich.

Der Tisch nebenan leerte sich.

Mark stand auf.

„Unterstehe dich, jetzt schon zu gehen !" fuhr ihn Annie an. „Robert hat Geburtstag !"

Suzann zögerte. Aber als Mark vorausging, folgte sie ihm mutig. Der Zigeuner sah ihnen nach, hielt sein Glas nachdenklich in der Hand.

„But otherwise she is a really nice woman", meinte Suzann draußen.

„Indeed", nickte Mark. Küsste sie.

„You're such a horrible man !"

„Who felt deep in love with you", ergänzte er.

„Drunker !" Sie machte sich los und lief davon.

Er lief ihr nach, lachte, rief: „Little runaway Sue !"

Sie gingen die lange Gasse mit all den bunten Geschäften und Souvenirläden entlang. Suzann blieb überall stehen, wo es bemalten Modeschmuck aus Holz gab, scherzte, zeigte ihm alles mit aufgeregten Gesten.

Später setzte sie sich auf die Mauer neben der Kanone und blickte besinnlich hinunter auf das Meer, sie sagte, es sei wundervoll romantisch hier, sie könne sich noch gar nicht vorstellen, nicht für immer hierzubleiben. Sie senkte den Kopf. Sie sagte, sie liebe ihn, er sei der erste Mann für sie gewesen, und sie liebe ihn, sie liebe ihn.

Er strich ihr übers Haar, lächelte.

Sie sagte, er meine es nicht ernst mit ihr, wahrscheinlich nehme er sie gar nicht ernst, lache sie aus.

Er sah sie nicht an, zündete sich wieder eine Zigarette an.

Sie begann zu weinen und sagte, sie fürchte sich davor, Abschied zu nehmen, sie liebe ihn, liebe ihn, liebe ihn, sie könne sich nicht so einfach von ihm trennen.

Er saß neben ihr und rauchte.

Sie sagte nochmals, sie könne ihn doch nicht so einfach verlieren, er müsse bei ihr bleiben, er müsse immer bei ihr bleiben. Sie bat, er möge immer bei ihr bleiben.

„You are my Sweetie Pea!" sagte er.

Sie hatte den Kopf auf seine Schulter gelegt und weinte.

Er strich ihr über Haar und Wange, sagte leise, sie müssten jetzt gehen, sie könnten hier nicht sitzen bleiben.

„I'll miss you", sagte sie.

Er umarmte sie, betonte, er liebe sie. „Eigentlich müsste Liebe lange dauern", sagte er, „sehr lange, oder auch ewig."

Sie blickte ihn mit großen Augen an.

„Ich liebe dich", sagte er. „Tatsächlich!"

Sie begann wieder zu weinen.

Als sie den Weg langsam hinuntergingen, sagte er: „Du bist ein niedliches Mädchen, du bist ein niedliches Mädchen, und du bist mein Mädchen!" Und er küsste sie.

Sie verabredeten, sich morgen ganz bestimmt am Strand zu treffen. Er würde diesmal auf jeden Fall ganz pünktlich kommen, versicherte er.

Sie sah ihm in die Augen, zögerte, nickte schließlich stumm und lief rasch ins Hotel.

Er setzte sich in eine Bar, bestellte Whisky, betrachtete sein Glas auf der Theke, versuchte mit dem Keeper ins Gespräch zu kommen.

Dann lag er wach in seinem Zimmer, stieß schließlich die leichte Decke fort. Schlief erst sehr spät ein.

Mittwoch 20. August

NACH DEM FRÜHSTÜCK lag er auf seinem Badetuch am Bauch im Sand und wartete auf Suzann. Hinter sich die stürmische Meeresbrandung. Er stützte das Kinn auf die übereinandergelegten Arme. Sah sie schon von weitem kommen. Sie hatte den Blümchen-Bikini an. Und trug dazu einen riesigen Sombrero.

Sie fragte besorgt, ob er schon lange gewartet habe.

Haar fiel über ihre Wange, sie legte sich auch auf den Bauch, neben ihn. Blinzelte. Streckte die Arme weit von sich. Berührte ihn an der Schulter. Ließ die Hand sanft über seinen Nacken gleiten.

Plötzlich packte er ihre Hand und hielt sie fest.

Sie lachte.

Sie spielte mit seinen Fingern, blickte ihn an, strich sich mit der anderen Hand das Haar aus ihrem Gesicht. Er griff hinüber und brachte ihr ganzes Haar in Unordnung. Sie schmollte, drehte den Kopf weg.

Er zog sie mit einer schnellen Bewegung an sich, sie schrie auf, er drückte ihr Gesicht an seine Wange. Sie regte sich nicht, er spürte ihren Atem. Dann machte sich rasch los und küsste ihn auf den Hals. Er zog sie hoch und blickte sie an. Große blaue Augen.

Sie liefen über den Sand, und auf einmal streckte er den Arm weit aus und hielt sie auf, deutete lachend zurück. Sie hatten tiefe Spuren im Sand getreten. Also schritt sie jetzt majestätisch behäbig weiter, wandte sich nach einer Weile um, lachte, lief zu ihm zurück und nahm ihn wieder an der Hand. Sie hielten sich an den Händen.

Er bespritzte sie mit Wasser. Sie fauchte, rannte ins Meer und auf ihn zu, verlor das Gleichgewicht, taumelte, tauchte unter, kam prustend hoch, schlug nach ihm, peitschte das Wasser hoch gegen ihn, versank in einer Welle, schnaubte, pirschte sich an ihn heran, schlug ihm Wasser ins Gesicht, kämpfte mit der Flut, stieß gegen ihn, er drückte sie an sich. Die nächste Woge warf beide nieder.

Sie keuchte und lachte, sie war glücklich. Der Wellengang ließ ihr keine Zeit, sich aufzurichten. Erschöpft blieb sie im Sand liegen. Er ging auf sie zu. Sie machte mit den Händen Krallen und sprang auf, wirbelte in die Flut, er fing sie auf, sie barg den Kopf an seiner Schulter. Tropfen rannen über ihr Gesicht, als sie ihm in die Augen sah. Er schrie etwas, und die Woge kam.

Sie schwammen und blickten zum Strand. Er tauchte und hielt sie an der Ferse fest, sie zappelte und schrie und riss sich los, ruderte aus seiner Nähe. Er holte sie ein, und sie schlug wild Wasser um sich hoch. Er grinste, und sie schwamm davon.

Sie atmete heftig und keuchte, nachdem sie die Brandung überwunden hatte und sich neben ihn legte. Er ließ sie in Ruhe, sie schloss die Augen.

Er setzte sich auf und streute Sand über ihre Schenkel, sie fuhr hoch. Schüttelte vorwurfsvoll den Kopf. Dann seufzte sie, raffte sich auf und ging nochmals ins Wasser. Er folgte ihr, nahm sie an den Schultern, küsste sie. Er spürte ihren ganzen Körper an sich.

Sie sah ihn an, das Haar klebte an ihren Wangen.

Später lag sie in der Sonne, und er hatte sich aufgesetzt und sah hinaus aufs Meer. Dann betrachtete er sie. Ihre

Fingerspitzen berührten den Sand. Ihr Körper braun, und an den Stellen, wo sich der Bikini ein wenig verschoben hatte, helle Streifen. Er beobachtete schweigend ihr Atmen und ihr Gesicht. Sie öffnete die Augen und hob den Kopf zu ihm. Er ließ Sand durch seine Finger rieseln.

Sie sagte etwas, das er nicht verstand.

Er legte sich zurück und sah sie an. Sie lächelte, streckte den Arm aus und tupfte mit dem gebogenen Zeigefinger auf seine Lippen. Er strich mit der Hand über ihre Wange. Sie schloss die Augen.

Als sie erschöpft aus dem Meer kamen, zeigte er ihr die bunten, durchsichtigen Steinchen am Strand. Sie bückte sich und begann sofort zu sammeln. Er half ihr und legte seine Steinchen behutsam in ihre ausgestreckte Hand. Er bewunderte ihre schmalen, zierlichen, zarten Hände. Sie hob einen türkisfarbenen Stein auf und musterte ihn stolz. Er nickte, als sie etwas sagte.

Zu Mittag aßen sie gegrilltes Fleisch bei einer Strandbude. Sie saß auf einem Hocker und kaute Weißbrot zum Fleisch, stieß ihn mit den Zehenspitzen an. Sie tranken Rotwein aus einem gemeinsamen Glas, und sie erklärte fröhlich mit vollen Backen, sie wäre knapp, aber wirklich schon überaus knapp am Verhungern gewesen. Überdies möge er sie nicht dauernd so frech und herausfordernd ansehen, das tue ein wahrer Gentleman besonders beim Speisen nicht. Er küsste sie mitten auf den vollen Mund.

Nachher gingen sie ein Stück die Straße hinauf, lehnten sich mit dem Rücken gegen das Geländer und diskutierten über den Wuchs der Agaven auf der anderen Seite der Straße. Sie schmiegte sich an ihn, ihre Haut war glatt. Autos fuhren lärmend vorbei.

Später warf sie sich wieder ächzend auf ihr Badetuch und stöhnte behaglich. Er sagte, genau so habe er sich immer ein zufrieden schnurrendes, vollgefressenes Kätzchen vorgestellt. Pussycat gefiel ihr, und sie zeigte, dass sie auch tatsächlich Krallen haben konnte, indem sie die Hand hob und die Zähne fletschte. Er lachte und klatschte ihr mit der Hand aufs Hinterteil. Sie schnappte wild nach ihm, zeigte verspielt ihre Krallen.

Sie erzählte und stützte den Kopf auf den Ellbogen. Er fuhr mit dem Zeigefinger im Sand umher, zeichnete Herzchen und Blümchen, und sie lächelte und legte den Kopf auf das Badetuch, beobachtete ihn von unten her, griff nach seiner Hand, schwieg lächelnd. Kinder liefen vorbei und wirbelten Sand hinter ihren Fersen hoch.

Sie schloss die Augen, ihr Haar fiel zurück.

Er spürte die Adern unter der Haut ihres Armes. Gelbe, orange Lichter hinter den gesenkten Lidern, die Sonne heiß auf dem ganzen Körper. Er fühlte ihre Finger in seiner Hand. Leichter Wind und die Geräusche der Brandung.

Suzann richtete sich auf und zog ihren Sombrero zu sich heran, bedeckte ihr Gesicht damit. Er hob den Sombrero hoch, küsste sie, ließ den Sombrero fallen und hielt sie an der Hand. Sie lugte hervor und zwinkerte ihm zu.

Er sah auf und bemerkte Annie.

„Hello", machte sie lässig.

„Sophisticated Lady", sagte er.

Suzann setzte sich auf, ließ den Sombrero auf ihr Badetuch fallen, reichte Annie die Hand.

Mark ließ sich zurück in den Sand sinken und schloss die Augen, blieb ganz ruhig liegen.

Die beiden unterhielten sich, und Annie lachte bei jeder Gelegenheit laut heraus. Mark spürte, wie sich Schweiß auf seinem Gesicht bildete.

Er stand auf und ging ins Wasser, schwamm weit hinaus.

Blieb bewegungslos auf den sanften Wellen liegen und dachte an Suzann, ließ sich von den Wellen tragen und schaukeln und die Sonne auf sich herabbrennen.

Er kam zurück und legte sich wieder neben Suzann auf sein Badetuch, wortlos.

Suzann plapperte übermütig und küsste Mark nebenbei zum wiederholten Mal schallend auf die Wange.

Er beobachtete die Frau, die das Kind nicht ins Wasser gehen lassen wollte, den fetten, prustenden Schwimmer draußen, das dünne Mädchen, das von einer anbrausenden Woge heftig auf den Sand geworfen worden war, nachdem sie den Strand noch knapp nicht erreicht hatte.

Suzann hatte jetzt ihren Bauch mit dem Sombrero bedeckt.

Er nahm Steinchen aus dem Sand, warf sie abwechselnd links und rechts auf ihre Schenkel. Bald schob sie den Sombrero zurück, blinzelte und lachte ihn an. Er beugte sich zu ihr und streichelte über ihr Gesicht und ihre Schulter, sie hielt seine Hand fest.

Annie fragte Suzann, ob sie wisse, dass Mark auch mit ihr, Annie, geschlafen habe, wohl ungefähr zur selben Zeit, da er Suzann kennengelernt habe mochte.

Mark schwieg. Die Boote draußen auf dem Meer und die Schwimmer, die Boote und die Schwimmer, die Boote und die Schwimmer. Er spürte, dass Suzann ihn anblickte.

Sie weinte. Als er nichts sagte, begann sie zu schluchzen, barg das Gesicht in ihrem Strandtuch.

Er sah sie an, rührte sich nicht.

„Robert wird jetzt noch drei Tage lang in Barcelona bleiben müssen", sagte Annie. „Aber er hat mir das Auto gelassen, und wir könnten Ausflüge in die Umgebung machen."

Nach einer Weile sagte Annie mit Nachdruck: „Ich habe mit dir gesprochen, Mark !"

Er regte sich nicht.

Da lachte Annie auf einmal und boxte ihn in die Rippen, sagte nochmals: »Mit dir !"

Mark lächelte sie an, antwortete: „Ich weiß."

„Und ?"

Suzann setzte sich auf und fragte, ob es wahr sei.

Mark sah sie an, geschlossene Lippen.

Suzann wartete, wischte dann mit dem Handrücken über ihr Gesicht, sah zur Brandung und zu den Wogen und biss sich in die Unterlippe.

Annie fragte unbeteiligt: „Hast du schon gegessen, Mark ? Ich komme gerade aus Barcelona und hätte einen ziemlich großen Heißhunger mitgebracht."

Suzann wandte sich um und bat Mark, ihr zu übersetzen, was Annie gesagt hatte.

Er gab keine Antwort.

Annie lachte.

Suzann sah Mark ins Gesicht.

Vor ihnen entfaltete der dicke Mann mit den Brillen seinen Sonnenschirm. Die Frau legte sich auf die Decke, schob die Träger ihres Badeanzugs über die Schultern und begann sich einzucremen. Der Mann zog den Holzstuhl umständlich zurecht und setzte sich neben sie. Die Frau sagte etwas in einer fremden Sprache zu ihm.

Mark stand auf, ohne Suzann anzublicken. Blieb noch ein wenig stehen, zögerte, wartete. Nahm schließlich rasch sein Badetuch auf, schüttelte es aus, begann langsam über den heißen Sand fortzugehen, der Straße zu.

Er hörte Annie auflachen.

Mark trat auf leere Flaschen im Sand, stieß an Sonnenschirme, wich nicht aus. Vorne an der Straßenkreuzung der

Mann mit seinem grauen Esel und den Töpfen und Vasen im Halbkreis. In den weißen Stühlen gegenüber dem Hotel Gäste bei einem Drink.

Die Stadt. Er sah sich, wie er an der Ziegelwand entlangschlenderte, die Blicke auf den Boden geheftet, plötzlich zwei Schritte auf den Rand des Gehsteigs zu machte und auf den Ecksteinen balancierte, abglitt und balancierte, abglitt. Im Rinnsal rasch weiterlief, die Straße überquerte, stolperte und stehenblieb, die Schuhspitze musterte, sich umwandte. Ein Auto nahm die Kurve. Er kniff die Augenbrauen zusammen und reckte sich. Das Auto kam auf ihn zu, er starrte es an und winkte mit dem Arm: Taxi.

Das Auto wurde scharf gebremst, quietschende Räder, er sprang hin und riss den Schlag auf und ließ sich ächzend in die Polsterung fallen und schlug die Tür zu. Saß und blickte nach vorne. Die Straße und die Häuser zu beiden Seiten, weit draußen das Reklameschild der Tankstelle. Weiß der Himmel und die Kuppe des Berges wie in einen Schleier gehüllt. Die Straße und die Schienen der Straßenbahn. Er drehte den Kopf nach links, und der behäbige Fahrer sah ihn belustigt an, hatte jetzt seine Mundwinkel verächtlich herabgezogen, Finger trommelnd an der Lehne.

Fahren Sie einfach, einfach fahren. Wohin denn ? Bezirk. Straße. Gasse, kennen Sie die ? Der Fahrer packte das Lenkrad mit der Linken und stellte rechts die Uhr und fuhr an, und der Zähler begann zu springen. Er beobachtete den Zähler. Wartete auf 10,00. Zwei Stellen würden springen. Und war enttäuscht. Und wartete auf 20,00. Erst 14,00, 17,00. Sah am Kopf des Fahrers vorbei auf einen Autobus. NL. Die fünf Jungen auf dem Rücksitz des Busses wurden auf ihn aufmerksam, und er verzog das Gesicht zu einer Grimasse, und der Junge halbrechts begann zu winken, und die anderen winkten mit, und er hob die Hand, und in demselben Augenblick stieß der ganz rechts kauernde

Junge seinen Nachbarn in die Seite und deutete auf die Häuserfront rechts und rief etwas aus. Das Taxi überholte. Zähler auf 18,00. Er streckte die Arme weit von sich und formte die Lippen, pfiff dann aber doch nicht.

Suzann.

Suzann, sagte er zu sich, du bist gekommen, und ich habe dich nicht erkannt.

Suzann.

Suzann, ich habe dich verraten, aber ich liebe dich, Suzann, ich liebe dich, liebe dich, ich habe so ungeheure Sehnsucht nach dir, dich in meine Arme schließen zu können und dich zu küssen, dir nahe zu sein.

Suzann.

Er schritt gelassen auf der breiten Straße aus, blieb bei der Straßenbahnhaltestelle stehen und wartete. Stieg ein, blieb auf der Plattform stehen. Hielt dem Schaffner den rosa Fahrschein entgegen, stieg vier oder fünf Haltestellen später aus, bog in eine kleine Seitengasse, arbeitete sich die schmale Treppe hoch, drückte die Tür auf, schloss sie hinter sich, durchquerte den Vorraum, betrat das Zimmer. Fahle Beleuchtung, der Mann im Bett blinzelte ihn an. Er setzte sich auf die mit dem Boden oben liegende Holzkiste, lehnte sich gegen die Wand und fragte, wie geht es dir ?

Der Mann zog die zerschlissene Decke über die Schultern und vergrub sein Gesicht in beiden Händen. Bücher und Polster. Packpapier lag herum, verbraucht und vergilbt. Ich könnte dich zum Essen einladen, du Schläfer, Penner. Verdammter Scheißkerl, verdammtes, blödes, sinnloses Fasten, um sich wohl selbst zu erkennen. Whiskyflasche oder so was hast du natürlich nicht da, nein ? Wisch dir deinen Hintern selber aus. Hab' ich dich aufgeweckt ? Ist verdammt kalt hier. Der wievielte Tag ? Vierzig oder fünf-zig, was weiß ich, in der Stimmung halt' ich es nicht mehr durch, alles ist verflucht. Entsetzlich traurig. Geh nur in die Küche und mach dir ein Brötchen, aus Dreck. Ich hab aber gesagt, ich lad' dich zum Essen ein. Friss deine Scheiße doch selber. Und wandte sich knurrend in den dreckigen Laken herum. Zog die Beine an und atmete tief auf, grunzte etwas, lag daraufhin still.

Suzann, ich habe dich verraten, ich bin schuldig. Kann man Schuld ertragen ohne zu sterben.

Suzann, ich weiß, du kannst mir nicht glauben, aber du bist es endlich, die ich wirklich liebe.

Suzann.

Licht drang durch den schmalen Spalt des Fensters, der nicht mit Karton abgedeckt war. Im Raum verstreut Tageszeitungen, aufgeblättert, zerlesen, verschmutzte Bücher, Papierfetzen. Unterwäsche und Socken. Ein aufgeklapptes Messer neben der Sammlung verschiedener Gesteinsbrocken. Ein verstaubter Lampenschirm, wie hingeworfen. Er streckte die Beine aus und schaukelte auf den Fersen. Pfiff halblaut vor sich hin. Pfeif' nicht, verdammt noch mal. Ich wollte dich fragen, ob du nicht Lust zu einer kleinen Ausfahrt hättest. Wieso ? Einfach so. Lass mich in Frieden. Er nahm das Zigarettenpäckchen heraus: Darfst du rauchen, in deinem Zustand ?

Sie gingen die Treppe hinunter, und er stolperte, und der Mann sagte: Muss dir was erzählen, hat mir vorgestern die blöde Figur vorgesetzt, schleicht sich mit seiner Hure in so eine moderne Kirche rein, war stockdunkel, sagt er, legt sie direkt vorm Altar aufs Kreuz und fickt sie, bis die Fetzen fliegen, sie bäumt sich auf und röchelt schon, sagt er, und das einzige, was ihm Spaß macht, ist das rote Licht direkt über seinem Schädel, baumelt die ganze Zeit über ihm, sagt, der ganze Altar habe schon gewackelt wegen der Lustbarkeiten, aber das Licht sei ganz bewegungslos, völlig bewegungslos geblieben, hat ihn massig beeindruckt.

Sie gingen hinaus auf die Straße, und der Mann schob den Motorroller vor sich her. Trat ihn an. Sie stiegen auf. Die serienmäßigen Häuser, Weiber davor, Grünanlagen mit Parkplätzen. Er presste die Finger in die Augenhöhlen und gähnte laut. Ein Trümmerhaufen. Das ewig geschlossene Gasthaus. Ein Mädchen blickte ihn an. Verstaubtes Gras neben der Straße. Die schmale Fahrbahn verbreiterte sich. Die Haltestellen der Straßenbahn. Und links und rechts werden gleich die Baumreihen kommen, dachte er. Die Schienen werden abbiegen, die Straße wird nicht mehr asphaltiert sein. Reste von Wahlplakaten an den dürren Baumstämmen. Fetzen im Straßengraben. Schotter. Überfahrene Tiere. Felder. Ein Ortsschild. Stallgeruch. Weiter, immer weiter. Motorenlärm. Der raue, schwarze Pullover des Mannes. Fahrtwind. Weiße Tünche an den Bäumen, die Wahl war längst vorbei.

Suzann.

Suzann, wo bist du ?

Suzann. Liebe. Ich brauche dich, ich habe dich nur einfach genommen, Leidenschaft ohne Liebe, aber ich liebe dich, so wie ich noch niemals liebte.

Niemals ?

Suzann.

Sie kletterten die Böschung hinauf. Erde bröckelte ab. Oben ein Saum Bäume, dahinter freie Hügel. Wiesen. Er glitt aus. Ein Zweig rammte seine Hand. Der Daumen mit dem versengten Nagel. Der Mann sah den schwarzen Nagel und sagte: Tut wohl verdammt weh. Es macht mir Spaß. Warum tust du dir das an ? Es macht mir tatsächlich nichts aus, wirklich nicht. Sattes Grün, rechts Baumstümpfe. Sie gingen hinüber. Der Mann setzte sich ermattet auf einen halb bemoosten Stamm. Er legte sich nieder, streckte sich aus und griff einen dürren Zweig und drehte und wendete ihn und brach Ästchen ab und knickte ihn. Vielleicht sind wir uns doch sehr ähnlich, sagte der Mann. Vielleicht, antwortete er. Der Mann senkte den Kopf und scharrte mit dem Schuh im weichen Boden. Kratzte Moos ab. Legte eine Wurzel bloß. Meinte: Wenn man einmal nervös geworden ist, klappt es mit dem Fasten einfach nicht mehr, ich werde aufgeben müssen. Wolltest du einen Rekord aufstellen? Der Mann schüttelte den Kopf und grinste: Wollte nur so etwas wie Achtung vor mir selbst kriegen.

Er öffnete die Augen einen Spalt und blinzelte in die Sonne. Weißer Himmel, ein gelber Saum und darin unerträgliche Lichtflut. Schmerzendes Flimmern. Er schloss die Augen. Die Nachbilder. Rote Kringel, Spiralen, Kreise. Er spürte die Erde unter seinem Kopf. Er wälzte den Körper beiseite. Das Knacken eines Astes. Das Spiel der Farbpunkte jetzt gelb und grün. Rotierende Punktfetzen. So sieht ein Feuerwerk am tiefschwarzen Nachthimmel aus. Mit einem weißen Mittelpunkt. Die Entstehung des Alls. Planeten, Meteore, Monde, die Sonne und der weiße Mittelpunkt?

Er hörte, dass der Mann sprach und richtete sich auf und stützte den Kopf auf den Ellbogen. Und da war der Waldsaum und die Wiesen und die Hügel. Baumstümpfe und dürre Zweige. Er hörte auf die Stimme, die von der Trafik sprach, mit dem anschließenden Schlafzimmer und der kleinen Küche. Nach übereinstimmenden Berichten war sie aus der Küche ins Geschäft gekommen, aufregenderweise bloß mit violetten Wollstrümpfen angetan, die allerdings dezent auch die Oberschenkel bedeckten, sie sagte, sie wolle sich bloß nicht schon wieder erkälten, zum Glück war im Augenblick keine Kundschaft da, hatte den einen der beiden Knaben mit sich nach nebenan gezerrt und die sonst so friedliche Schlafstelle ausgiebigst benützt, geächzt und gekichert wie eh und je und allerhand Geknurr von sich gegeben, durch die offene Tür drangen die Wünsche der Einkaufenden, eine Zeitung, eine Packung Zigaretten, Ansichtskarten, Fahrscheine, alles selbstverständlich wie immer lagernd, Briefmarken relativ selten. Und alle fünf Minuten, wenn gerade niemand im Laden war, steckte der überzählige der Knaben bleich den Kopf um die Ecke und wimmerte, sie sei sein Ruin und sie verpfusche ihm seine ganze Existenz, und bat inständig, sie sollten doch um Himmels willen leiser sein, die Leute würden sich noch beschweren. Daraufhin hatte sie ihm zugebilligt, er dürfe nachher auch einmal, zum Lohn für seine tapfer mannhaft durchgestandene Angst, und der Betroffene hatte laut aufgestöhnt und hatte sich damit abgefunden und hatte sich wieder an die Bedienung seiner Kundschaft gemacht und weiterhin gejammert.

Suzann. Du warst es, und ich habe dich nicht erkannt, und ich habe mich schuldig gemacht.

Das Haus nur ein paar Meter von der Straße entfernt und braungelb verputzt. Innen modriger Geruch, neben dem Herd in der Küche verfaulte Früchte. Äpfel und Birnen. Daneben die aufgerissene Packung eines Waschmittels. Ameisen. Holzscheite neben dem Kellerabgang. Die Tür zum Wohnzimmer niedrig und klobig. Weiß gekalkt. Ein runder, solider Eichentisch mit Einlegearbeit. In der Nische ein mächtiggroßes Kreuz mit Leichnam. Zwei Türen des Schranks, mit Glasfenstern, offen. Muffige, unbrauchbare Luft. Lederbespannte Stühle, zerschlissene Überzüge.

Jetzt saß er bei einem Whisky an der Hotelbar. Der Schotte mit seinem Begleiter neben ihm. Das Gespräch ging um den Hund, den der Schotte am Strand aufgelesen und auf den Namen „Whiskey" getauft hatte. Der Schotte fragte den Verwalter ernsthaft, ob es möglich sei, den Hund auf dem Balkon einzuquartieren. Der Verwalter verstand nicht. Der Schotte zuckte die Achseln und schüttelte den Kopf. Sie stießen miteinander an.

Plötzlich hatte der Begleiter des Schotten den Kopf auf die Theke gelegt, geschlossene Augen, und der Schotte nahm eine Zeitung, faltete sie sorgfältig zusammen, betrachtete. den anderen noch einmal sehr genau und schlug seinem Partner die Zeitung mit Wucht über den Schädel. Damit war die Runde beendet.

Gleich nachdem Mark sich bloß für eine Weile niedergelegt hatte, schlief er sofort ein.

Er erwachte durch den lauten Singsang des Schotten, der unter ihm auf dem Balkon stand und brüllte und die Arme erhoben hatte.

An der Theke lud sich der Schotte kichernd ein, auf Marks Zimmer eine Flasche Whiskey zu köpfen, aber es müsse ein wasserklarer, echter Whiskey sein, nur ein wasserklarer, wirklich echter Whiskey käme in Frage. Der Verwalter kam diesem Wunsch nicht nachkommen und gab spanischen Whisky heraus.

Als sich Mark erhob, um den Toast des Hausherrn auszugeben, wankte er und verschüttete Whisky aus seinem Glas. Schotte und Begleiter grinsten äußerst verständnisvoll und schlugen ihm ein paarmal auf beide Schultern, erzählten vom heimatlichen Hochland, den Mooren und den Brüdern und Schwestern, die zu Hause geblieben waren. Überdies trauerte der Schotte seinem Hund namens Whiskey nach, den er heute noch nicht einmal begrüßt hatte. Sie tranken ein neues volles Glas auf den armen herrenlosen Hund, der heute einsamer denn je zuvor sein Leben fristen musste. Der Begleiter des Schotten erbrach sich mitten auf das Tischchen und den Teppich.

Sie verzichteten auf ein gemeinsames Essen und schworen sich ewige Bruderschaft und Treue. Der Schotte verkündete, nichts sei so schön wie aufrichtige Freundschaft und immerwährendes Zusammenhalten, jeder Mensch habe geselliges Beisammensein nötig, so sei der Mensch eben konstruiert, und alle Menschen seien gute Brüder und Schwestern, und der Schotte schmetterte sein Glas kräftig zu Boden, zur Besiegelung des Pakts. Der Begleiter hatte Tränen in den Augen und wisperte und stammelte in einem fort vor sich hin.

Gegen vier Uhr nachmittags warf Mark die beiden hinaus. Der Schotte hatte Tränen in den Augen und versicherte, er liebe Mark wie seinen Sohn. Mark schüttelte ihm die Hand, und der Begleiter umarmte Mark, erbrach sich auf den Flur. Sie schieden in inniger Freundschaft.

Später lag Mark mit ausgebreiteten Armen auf dem Bett und starrte zum Fenster hinaus. Stand auf und torkelte ins Badezimmer, duschte, trank kaltes Wasser, spie es aus, trank nochmals Wasser. Er zündete sich eine Zigarette an, ließ sich auf dem Steinboden des Balkons nieder. Morgen, Donnerstag, gäbe es wieder Stierkampf. Zwar nur in der kleinen Arena, Plaza de España, unzumutbare Helden, aber sein Platz an der Barrera, an der wunderbaren Barrera, war gesichert. Daneben ein Mädchen mit langem blonden Haar, blauen Augen, großen blauen Augen.

Suzann.

Er streckte den Arm aus und suchte ihre Hand, fand ihre Hand, strich darüber, hielt sie fest, strich darüber. Die Haut, die Fingernägel, die kantigen Knochen unter der Haut. Die Knochen der Finger, das Gelenk, der lange Unterarm, die Knochen der Hand. Die Kanten am Handrücken. Knochen ohne Haut. Die Knochen eines Toten. Weiße Knochen, ein weißer Schädel, grinsend und mit dunklen Augenhöhlen. Herausragendes Nasenbein, der Rest der Zähne und das Grinsen. Die langen Knochen des Handrückens.

Sie gingen miteinander durch das hohe Gras zwischen den Gräbern hindurch und gelangten auf den Hauptweg. Es ist alles kahl hier, sagte sie, kahl und sehr melancholisch, darin also liegt deine Wahrheit. Er lächelte. Warum mussten wir auch hierher kommen, fragte sie, mach endlich Schluss mit deinen Erinnerungen. Der Sand knirschte unter ihren Schuhen. Das hohe schwarze Tor vor ihnen. Seitlich Nadelbäume, hoch aufragend. Jazz aus den Lautsprechern. Sein Hemd schimmerte bläulich. Sie schmiegte sich an ihn, den Arm um seinen Nacken gelegt. Wie heißt du, fragte er. Sie küsste ihn, und ihre Hand glitt über sein Hemd, ihr Körper zitterte. Sie umschlang ihn und saugte an seinem Mund. Ihre Finger umschlossen seinen Hals und schmerzten. Sie drängte den Kopf unter sein Kinn. Ihre bloßen Zähne auf seiner Haut. Ihr Körper. Er schwitzte. Ihre Lippen. Atem. Ihre Fingernägel gruben sich tief in sein Fleisch und schmerzten.

Suzann, wo bist du denn geblieben ? Warum habe ich dich überhaupt gefunden, wenn ich dich gleich wieder verlieren sollte ?

Suzann.

Er lief die Böschung schnell hinunter. Tiefe Eindrücke in der weichen, zerfurchten Erde. Leichter Regen. Nasses Gras, tief auf den Boden gebeugt. Sie lief hinter ihm her. Wohin willst du denn ? fragte sie. Er zuckte die Achseln, ohne sich umzudrehen. Er ging durch hohes Gras, und seine Hose färbte sich bis zu den Knien hinauf dunkel. Sie glitt aus und fiel. Er wandte sich nach ihr um. Sie sah ihn an und schwieg und stützte sich mit der Hand und stand auf. Sie wischte sich eine Haarsträhne aus dem Gesicht. Schmutzspuren auf der Wange. Auf dem Mantel klebte Erde. Der Regen hörte mit einemmal auf.

Zigarettenrauch. Musik im Rauch. Die Tische voll besetzt. Der Trompeter mit perlendem Schweiß auf der Stirn. Ein kreischendes Saxophonsolo. Tanzende. Klatschende Hände schlugen den Takt mit. Stimmen und Lachen und Rufen. Eng aneinandergeschmiegt. Der Pianist übernimmt das Thema. Einige Gäste jubeln Beifall.

Er blieb im Dunkel des Durchgangs stehen und sah in den Hof. Die Gerüste halb aufgebaut. Er ging zur Mitte und sah sich um. Gekalkte Mauern und verstreut Baugeräte und Bretter und Sandhaufen. Er hockte sich still auf den Betonsockel. Rechts eine dunkle Mulde. Er zog die Knie an den Körper und senkte den Kopf. Weit entfernt die dumpfen Geräusche fahrender Autos. Er ging um den Betonsockel herum und stieß einen Stein vor sich her, blieb plötzlich stehen. Sah rings auf die Fensterscheiben hinauf. Zog die Schultern hoch. Schlenderte müßig zu den Brettern zurück. Knöpfte die Hose auf und urinierte in den Sand.

Sie wand sich beiseite und stieß seine Hände fort und hielt die Decke an ihren Körper gepresst und stand auf. Verließ das Zimmer. Er sprang auf und folgte ihr. Sie stand im Bad vor dem Spiegel und betrachtete ihr Gesicht. Bitte geh jetzt, sagte sie, bitte. Und sie wandte sich nach ihm um und schluchzte.

Er schlug die Augen auf. Er fühlte sich unwohl. Raffte sich hoch und ging ins Badezimmer. Trank Wasser. Blickte sich im Spiegel an. Du wirst Ruhr bekommen, mein Engel, oder etwas Ähnliches, sagte er. Musterte sich. Übrigens solltest du etwas essen, mein Kleiner, sonst verhungerst du noch. Er trank mehr Wasser, schluckte, trank, spuckte in das Waschbecken. Trabte ins Zimmer zurück.

Draußen dunkelte es.

Suzann.

Ich denke immer an dich, unentwegt.

Suzann.

Das pummelige Mädchen, mit dem er einmal im Weinberg übernachtet hatte. Wie sie ein wenig Angst hatte, als sie einen geeigneten Platz suchten, sich zwischen den Rebenstöcken vorwärtstasteten, die Schuhe tief in den weichen Boden eingesunken waren. Sie hatte verschmitzt ein paar

Trauben abgepflückt und ihm nach vorne gereicht, dabei hatte sie leise gelacht. Die Trauben waren noch bitter und klein und unreif. Die erwählte Schlafstelle sorgfältig mit Zeitungspapier ausgelegt. Frühmorgens war die Decke feucht und kalt. Sie hatte gezittert vor lauter Kälte. Doch sie hatte sich aus allen Umständen nichts gemacht und war fröhlich gewesen und lustig. Sie hatten sich früh aus dem Weinberg geschlichen, während die ersten Fuhrwerke der Bauern Staubfahnen auf dem schmalen Weg aufwirbelten und sie die Stimmen der ersten Arbeiter deutlich hörten. Zum späten Frühstück hatten sie dann trockenes Brot auf den Steinstufen des Kinos am Rand des Dorfes gegessen. Er liebte die Erinnerung an diese Augenblicke.

Er ging zum Abendessen hinunter.

Er denkt an den alten hinkenden Griechen, der Nüsse und Kaugummi verkauft hatte, sein zerfurchtes gelbes, dunkles Gesicht mit stechend blaue Augen, dazu ruppiges Haar, Bartstoppeln. Vor der Steinmauer, vor dem Eingang zur Altstadt. Im Gespräch mit einem anderen Alten, dessen Augen unruhig die Gegend kontrollieren, dessen Stimme schnarrend und schrill krächzt. Das schmutzige Maß für die Nüsse, ein dickwandiges, dreckiges grünes Glas, in derben, runzeligen Händen. Aufgesplittertes, verbrauchtes Holz. Es ist heiß. Später im kühlenden Schatten des steinernen Torbogens. Ein Kind mit krummen Beinen läuft über das Pflaster. Die hellbraun gefleckte Katze schmiegt sich an den hölzernen Türstock. Die Luft flimmert. Im Hafen Gedränge. Gestank. Offiziere in weißer Uniform. Einmal in der Woche geht das Schiff. Hautfarben in allen Schattierungen. Verwitterte, sonnengenarbte Gesichter der Griechen, Touristen goldrot gebräunt. Am Pier hockt ein Matrose.

„Du lachst nie, wenn du glücklich bist", bemerkte sie.

„Lache ich denn, wenn ich unglücklich bin?" antwortete er.

Als sich das Vaporetto der Station Accademia näherte und

anlegte, regnete es in Strömen. Es war zwölf Uhr mittags, und über den Platz klang Händels Wassermusik. Sie lief vor ihm von der Station zum Eingang der Accademia. Hinter der inneren Glastüre stand ein Museumsdiener und starrte in den Regen.

Er kam ebenfalls möglichst schnell über den Platz gelaufen, öffnete die Glastüre, lachte und sagte zu dem Museumsdiener: „La povera pioggia !" Der Museumsdiener sah in verachtend an, antwortete nicht und drehte sich zur Seite.

Sie ging vor ihm die rechte Treppe hinauf, sie blieben erst vor einem Gemälde von Carpaccio stehen.

Ohne sie anzusehen bemerkte er: „Sie schließen bereits in einer Stunde."

„Du wolltest doch hierherkommen, und jetzt sind wir eben da", sagte sie verstört.

Er nickte.

„Erinnert mich an Florenz", meinte sie.

„Der Regen oder die Bilder ?" fragte er.

„Du erinnerst mich an alles", antwortete sie.

Er schwieg und ging vor ihr, ging rasch von Bild zu Bild.

„Ich dachte, es würde dir Freude machen", sagte sie.

„Es macht mir Freude«, antwortete er.

Sie trat zu ihm und nahm lächelnd seine Hand. Sie gingen miteinander in den nächsten Saal.

Sie sagte: „Wir sind noch niemals mit Musik empfangen worden, aber so ist es viel schöner gewesen."

Er schwieg.

„Hat es dir nicht Spaß gemacht ?"

„Ich habe all die Bellinis und Tintorettos und Tizians satt", antwortete er heftig. „Und alles Gerede."

Sie ließ seine Hand los.

„Ich wollte dich nicht kränken", sagte er später.

„Wir hätten auch zu I Frari gehen können oder ins Cici oder die Riva degli Schiavoni hinunter oder in den Dogenpalast oder in die Basilica, wir hätten doch überall dorthin gehen können, wo du glücklich bist."

„Ich weiß", antwortete er und nickte. „Aber hier bin ich am glücklichsten."

Später gingen sie über die Brücke auf die andere Seite des Kanals, während unter ihnen Gondeln kreuzten und die Möwen niederstießen und aufflogen. Es hatte zu regnen aufgehört, und es war nebelig und kalt geworden.

Er duschte sich, trocknete sich flüchtig ab, legte sich auf die Decke, schloss die Augen.

Und da gab es noch das Mädchen aus Rom, das Mädchen, das immer Minestrone bestellte, wenn er Pizza aß, das Mädchen, das mit ihm die gelben und roten Farbtöne der sinkenden Sonne hinter den aufragenden Säulenresten betrachtete, große Augen, wenn es ihn anblickte, große blaue Augen, Suzann. Suzann.

Limonade aus übergroßen Gläsern, ihre Augen über dem Glasrand, Blümchen auf dem Bikini, du gehst immer einen Schritt vor mir, lachte sie, ich liebe dich, das Haar wild ins Gesicht geweht, Gold auf den Altären von Il Gesù, das düstere Grab Raffaels mit der dunkelroten Rose, während es draußen in Strömen regnete, der Elefant vor Santa Maria sopra Minerva, ihre Hände, ihr zarter Körper, Suzann, du liebst mich nicht mehr, ich habe dich verraten, große blaue Augen, der Regen auf ihrem Gesicht, ihr Lachen, Kaffee in der Bar, ihre Haut, Tränen, Blümchen auf dem Bikini, kalt die Katakomben, der Führer im Domus Aurea, sie schrie auf, Suzann, die Hand auf ihrem Haar, Öllämpchen.

Donnerstag 21. August

ER FRÜHSTÜCKTE LANGSAM und bestellte nochmals etwas heißen Tee und Gebäck und ein bisschen Käse.

Er kaute und sah plötzlich auf.

Wie selbstverständlich setzte sich Annie an seinen Tisch. Ohne sie anzusehen, kaute er weiter.

„Guten Morgen", sagte sie.

„Ist Robert noch in Barcelona?" erkundigte er sich.

„Wollen wir nicht lieber Frieden schließen?"

„Es muss eine einsame Nacht für dich gewesen sein."

Sie schwieg.

„Aber er hat dir immerhin das Auto gelassen."

Sie spielte mit dem obersten Knopf ihrer Bluse.

Mark sah sie an, fragte: „Warum bist du so nervös?"

Sie legte die Hände auf den Tisch.

Mark grinste.

„Ich kann so nicht mehr weitermachen", sagte sie heftig.

Er kaute und lachte. „Jeder Abschied macht älter."

Sie blickte ihn an, senkte den Kopf.

„Heute gibt es Stierkampf in Barcelona", sagte er, „mit recht guten Anfängern." Er grinste. „Das muss man einfach gesehen haben!"

Sie zögerte, bat dann aber: „Nimmst du mich mit?"

Er lachte laut heraus. „Jedenfalls bist du allerherzlichst eingeladen !"

Sie nestelte an ihrer Handtasche herum.

Er schob die Tasse mit einem Ruck zurück und wischte die Finger mit der Serviette ab.

Sie blickte auf. „Wegen Suzann", sagte sie. „Es tut mir leid."

„Wenn du einverstanden bist, könnten wir gleich jetzt nach Barcelona aufbrechen. Ich nehme an, du kennst die Stadt kaum.«

Annie schwieg.

„Wir könnten Eintrittskarten kaufen, die Stadt ein bisschen ansehen, irgendwo gut essen, den Stierkampf besuchen. Einverstanden ?"

Sie sah ihn an.

Er stand auf. „Wo hast du das berühmte Auto stehen ?"

Plötzlich lachte sie. „Ich muss es erst holen", sagte sie. „Ich beeile mich."

An der Theke bestellte er Coca-Cola, rauchte. Die Frau des Verwalters lächelte und spielte „Aranjuez" für ihn. Er nickte und lächelte zurück. Sie begann Gläser abzutrocknen. Sie war hochschwanger und war sehr stolz darauf.

Schotte und Begleiter kamen die Treppe herunter, gingen in den Speiseraum, ohne Seitenblick. An der Tür drehte sich der Schotte jedoch um. Mark hob die Hand, nickte. Der Schotte ging zu seinem Tisch.

„Viel drinki", erklärte die Frau des Verwalters und schlug die Hände zusammen. Mark zuckte die Achseln, lächelte. Sie machte sich hinter der Theke zu schaffen.

Annie stand breitbeinig in der Tür, hellrote enge Jeans und eine weiße, luftige Bluse. Mark pfiff bewundernd durch die Zähne, wiegte den Kopf.

Sie sagte mit ernster Stimme: „Ich möchte dir gefallen !"

„Aha", machte er.

Sie nahm seine Hand, er zog sie zurück.

Sie sah ihn verwirrt an.

Er grinste und fragte vorlaut: „Gehen wir zuerst noch aufs Zimmer ?"

Sie senkte den Kopf.

Er zuckte die Achseln. „Muss natürlich nicht sein", meinte er leichthin.

Sie verließen den Ort, fuhren die Straße bergan. Der Fahrtwind spielte mit ihrem Haar. „Lauter Korkeichen, lauter Korkeichen", erklärte er und deutete nach links und rechts.

Sie warf einen flüchtigen Blick auf ihn.

Tief unten das Meer, glitzernde Schaumkronen. Kurven. Ohne den Blick von der Straße zu wenden begann sie: „Mark, ich hatte gestern genug Zeit, um über alles und uns nachzudenken«

„Ich nicht", antwortete er lächelnd.

„Ich möchte mit dir über alles sprechen."

„Du hast wirklich ganz mächtig aufreizende Jeans angezogen", sagte er. „Tatsächlich !"

Sie schüttelte den Kopf.

„Tatsächlich«, bekräftigte er nochmals.

Sie fuhren durch Lloret, überholten den Autobus. Flacheres Land. Er schaltete das Radio an. Nachrichten. Er wählte einen anderen Sender. Unterhaltungsmusik. Dazwischen die Stimme eines Sprechers. Ihr Haar im Wind. Plötzlich ein Paso doble aus dem Radio.

„Erzähl' mir wenigstens etwas über Stierkampf", bat sie hastig und aufgebracht.

Er schüttelte den Kopf.

Die Mittellinie auf der Straße. Rechts weißgekalkte, kleine Häuser. Sie sagte, gestern habe sie eine Ansichtskarte von Robert bekommen, mit den Türmen der Sagrada Familia. Ein paar Worte darauf, alles sei bestens in Ordnung. Nett von ihm und lustig. Und liebevoll. Heute Abend solle sie ihn in seiner Firma abholen und zurückbringen.

Im Radio Flamenco.

Sie erzählte, in Bludenz seien sie umgestiegen, ein langsamer Bummelzug durchs Montafon, bis Schruns. Robert habe dort alte Bekannte gehabt, die ihn nur mit großer Mühe wiedererkannten, nachdem sie ihn jahrelang nicht mehr gesehen hatten. Sie hätten von den biederen Leuten eine Hütte hoch oben am Golm gemietet, über siebzehn Tage lang. Aber mit der Verpflegung sei es oft nicht ganz einfach, sogar recht schwierig gewesen. Robert habe die Gegend geliebt, die Berge, genauso wie er Kopenhagen liebte, das sie nicht ausstehen konnte. Es sei ihr zu kalt und abweisend gewesen, erklärte sie, sie habe immer nur gefroren. Sonst gäbe es von keiner gemeinsamen Reise mehr zu berichten, sagte sie. Robert habe immer doch nur vom Norden gesprochen. Kopenhagen, das war ihre Hochzeitsreise gewesen. Sie hatten sich in einem Selbstbedienungsladen kennengelernt, lachte sie. Selbstbedienung!

Sie solle erst nach rechts fahren, dann links abbiegen, sagte Mark gleichgültig.

Ampeln und Fußgängerübergänge. So kämen sie direkt zur Sagrada Familia, erklärte Mark.

Sie nickte und antwortete, es müsse dann aber bitte wohl gleich weiter zum Hafen gehen. Sie habe Sehnsucht nach dem Hafen.

Sie sah schon von weitem die Columbus-Statue und hielt Ausschau nach einem Parkplatz.

128

Sie liefen zu den Andenkenbuden. Doch gleich zog sie ihn ungeduldig fort.

Mark löste Tickets für eine Hafenrundfahrt.

Sie griff nach seiner Hand und sprang über den hölzernen Laufsteg. Sie setzten sich auf der oberen Plattform ganz nach vorne. Rechts die Nachbildung der Santa Maria. Plötzlich küsste sie ihn leidenschaftlich.

Der alte Mann mit den wirren weißen Haaren machte den mühsamen Rundgang mit seiner Ziehharmonika, immer wieder „La Paloma". Annie warf ihm ein paar Münzen in den Hut und schmiegte sich an Mark. Der alte Mann ging knurrend weiter. Frachtschiffe links.

Sie sagte, sie wäre bereit, sich jetzt endgültig von Robert zu trennen. Es wäre einfach unaufrichtig, noch weiter bei ihm zu bleiben, sie gehörten eben nicht mehr zusammen, wahrscheinlich hätten sie niemals zusammen gehört, sie hätten gar nicht beisammen bleiben sollen..

Mark spuckte über Bord, in das grautrübe Wasser.

„Hörst du mir zu, Mark ?" fragte sie ängstlich.

Er nickte.

„Ich möchte ihn nicht jeden Tag belügen müssen", erklärte sie. „Wir haben uns nichts zu sagen, wir sprechen kaum mehr miteinander."

Die Fähre legte an, und er beobachtete zwei Knaben, die auf dem Betonsockel standen und angelten. Und den Mann, der neben dem Kran auftauchte, schwarzgrünen Tang auf den Schultern, die eine Hand hoch erhoben.

„Ich liebe ihn nicht", gestand Annie leise.

Neue Passagiere kamen schwatzend an Bord, füllten die leeren Plätze. Ein japanisches Paar setzte sich vor ihnen hin, die Hände übereinandergelegt, schweigend.

Die Fahrt ging jetzt auf der gleichen Route zurück, vorbei an den weißen Schiffen und den Kränen, die wie einsame Ungeheuer aussahen.

Annie hatte unterwegs das weitere Programm mit Hilfe von Reiseführer und Stadtplan sorgfältig zusammengestellt.

Pueblo Español. Sie wühlte in einem Berg von aufgetürmten bestickten Hausschuhen, probierte vier Paare an, stützte sich auf seine Schulter. „Ich möchte, dass sie von dir sind", bettelte sie, „schenke sie mir !"

Sie wollte beim Handarbeiten zusehen, sie bestaunte die alten Modelle der Musikautomaten, sie strich über die weißen Felle, sie kramte in Silberschmuck, sie zeigte ihm Toledo-Degen, sie begeisterte sich für gehäkelte Decken und Ohrringe, sie versuchte mit einer drallen Verkäuferin ins Gespräch zu kommen.

Treppen, schmale Gassen, weißgetünchte Häuser, Erker mit Blumen, schmiedeeiserne Gitter, der maurische Turm. Die zwei Knaben, die beim Brunnen spielten. Sonne auf dem hellgrünen Laub. Der dunkelgebrannte Spanier, der am Torbogen lehnte und die Touristen gleichgültig musterte. Fliegen auf den Andenken und Ansichtskarten.

Sie aßen in dem Restaurant am Platz.

Später vor dem Palacio Nacional und dem Springbrunnen, umgeben von Erfrischungsständen. Katzen und Kinder. Das Ausstellungsgelände.

Plaza Toros Areñas. Mark kaufte Eintrittskarten.

Sie fuhren die Avenida de José Antonio in dichtem Verkehr entlang zur Universität. Plaza de Cataluña und die Ramblas.

Annie ließ sich in einen der Sessel inmitten des bunten Treibens fallen. Bot Mark eine Zigarette an. Er dachte an den Fischmarkt in der Halle, aber er schwieg.

Der Mann mit weißen Bartstoppeln kassierte den Betrag

für die Eisportion, bleckte die Zähne, schlenderte weiter. Herren mit weit entfalteten Tageszeitungen, die Debatte beim Buchstand, Frauen in Schwarz hasteten eilig vorüber, zerfurchte Gesichter.

Er grinste einem hübschen Mädchen nach, das sich nach ihm umgedreht hatte und dessen Begleiter jetzt eifrig auf sie einredete.

„Ich möchte bei dir bleiben", sagte Annie.

Er sah dem Mädchen nach.

„Ich möchte immer bei dir bleiben."

Er hob den Kopf.

Sie lächelte. „Das ist eine offizielle Liebeserklärung", sagte sie leise.

Er blickte sie an.

Sie legte ihre Hand auf seine Schulter, küsste ihn auf die Wange.

Er beobachtete einen Mann, der sich suchend umsah.

Plötzlich richtete sich Annie auf und schmollte: „Eigentlich hättest du damit anfangen müssen !"

Mark sah sie fragend an. Sie riss sich los.

Noch eine Stunde bis zum Stierkampf.

Sie saßen an dem runden Tischchen und tranken Kaffee, er rauchte. Sie erzählte fließend von ihrem Bruder, von ihrer ersten Reise nach Italien, Sorrent, Ischia, Pompeji, Neapel, von dem Autounfall ihres Vaters, von der schrecklich langen Bahnfahrt nach Florenz und von dem nackten David in der Akademie und der Casa Buonarroti.

Er blickte sie an und beobachtete sie. Ihre Finger lagen ausgestreckt auf ihrem linken Schenkel, die zartgliedrigen Handgelenke, ihr ein wenig zerrauftes Haar, die offene Bluse, ihr glatter Nacken. Ihre leicht geöffneten Lippen.

Sie betraten die Arena reichlich früh, so dass sie nicht in großes Gedränge gerieten.

Der Picador hält den Schaft der Lanze fest umklammert, lockert den Griff, stößt zu. Die Hörner des Stiers vergraben im Peto, dem Matratzenschutz des Pferdes. Wirbelnde Capas, der Stier irritiert, wendet sich ab, greift an. Ein geschicktes Manöver, der Stier läuft zur Mitte, bleibt stehen. Sieht die Bewegung der Capa, zögert, rennt los, das grelle Tuch vor seinen Augen, stößt zu, stößt zu, hebt den Nacken, stemmt mit den vier Beinen die schwammige Masse hoch, stößt zu, der Geruch von Blut.

Die Wunde im schwarzen Fell des Stiers. Toro. Toro stößt nochmals zu, wirbelnde Capas, der Stier schnaubt, ein Peón lenkt ihn ab, flüchtet über den Sand, verschwindet im Sprung hinter der Barrera. Das Horn des Stiers splittert Holz ab.

Ein Trompetenstoß. Musik. Die Pferde verlassen den Platz. Zwei Areñeros glätten den Sand. Der Stier steht regungslos, schäumendes Blut am Nacken, vibriert. Da läuft der Feind, Arme hoch erhoben, bleibt plötzlich stehen, lockt. Der Stier stürmt an. Die Arme senken sich, zucken hoch, stechen zu, der Banderillero springt zur Seite, der Stier stößt ins Leere, im Widerrist wippen zwei Speere. Brausender Beifall. Der Stier dreht sich, findet den Feind nicht mehr.

Neue Bewegung, Blut rötet die Seite Angriff mit den Hörnern. Der Nacken fliegt hoch, die Widerhaken unter der Haut, der Stier springt mit gespreizten Beinen, taumelt. Kein Gegner. Das dritte Paar der Banderillas.

Die Menge tobt. Es ist ein guter Stier. Der Matador geht auf ihn zu, das rote Tuch schleift über den Sand. Eine Drehung, das Tier folgt dem Tuch. Das Tuch hebt sich vor seinen Augen, gleitet über seinen Rücken, ist wieder vor den Augen, wirbelt ihn herum, sinkt zu Boden, flattert vor den Hörnern, schlägt um das Maul, der Stier stößt zu. Hinter dem Tuch ist der Feind. Der Stier steht wie angewurzelt da.

Laute, schrille Trompetenstöße. Der Matador salutiert, wirft sein Käppchen in den Sand, ausdrucksloses Gesicht. Seine Helfer reichen ihm den Degen. Die Muleta wirbelt um den Kopf des Stiers. Der Mann lässt das Tier mit geschlossenen Fersen passieren. Speichel rinnt aus dem Maul des Stiers, während der Blick auf den Degen fällt. Der Degen zittert kaum merklich.

Ein heftiger Schritt vorwärts, im gleichen Augenblick greift der Stier an. Die Degenspitze trifft auf Knochen, der Degen schnellt durch die Luft, der Stier stößt ins Leere, rennt weiter, bleibt stehen, wird den Feind mit der blinkenden Klinge gewahr, greift an, bäumt den Kopf hoch, der Degen fährt zur Hälfte aus dem Körper, der Stier brüllt, hoch erhobene Hörner, weit aufgerissene, starre Augen. Von hinten nähert sich ein Gehilfe, es gelingt ihm, den Degen ganz herauszuziehen, der Degen ist verbogen. Nochmals visiert der Mann an, wirft sich von der Seite her über den Stier, springt fort, das Publikum beginnt unbändig zu pfeifen, zu fluchen, zu johlen, aufzuspringen.

Mit hängendem Kopf spuckt der Stier Blut, seine Beine schwanken, wirbelnde Capas, wirbelnde Capas, noch einmal stößt der Stier ins Leere, noch einmal senkt sich der Degen in seinen Körper, wirbelnde Capas, der Stier taumelt, die Gelenke der Vorderbeine knicken ein, der Stier fällt, Capas, der Stier springt hoch, bricht zusammen, Blut quillt aus seinem Maul. Der Mann mit der Puntilla, dem Dolch, stößt zu, der Schädel des Stiers sinkt in den Sand.

Die Areñeros laufen geschäftig mit ihren Rechen zu den Blutflecken im Sand, verwischen die Spuren des Kampfes, glätten. Der Stellvertreter des Präsidenten gibt in seiner Loge über die Schulter hinweg eine Anweisung. Der zweite Stier springt aus dem Toril in die Arena.

Annie hält erregt seine Hand, sagt: „Mark, ich möchte ganz

133

dir gehören." Und sie blickt ihn mit weit geöffneten Augen voll Angst an.

Mark sieht sie flüchtig lächelnd an.

Da ist der Stier, geschwellter Nackenmuskel, tiefschwarzes, glänzendes Fell.

„Ich liebe dich", sagt Annie schwach.

Der Picador leistet miserable Arbeit, auch die Banderillos. Der Matador hat ein verbrauchtes, zynisches Gesicht, obwohl er kaum dreißig ist. Und ist feige. Der Spanier, der neben Annie an der Barrera sitzt, schreit, Stierkämpfer sollten ihre Huevos nicht daheim vergessen oder sie abschneiden, wenn sie überhaupt welche hätten.

Ein Gehilfe des Matadors beginnt daraufhin auf den Mann loszufluchen.

Annie fragt, um was es denn gehe.

Mark lacht, sagt ihr: „Er ist einfach ein Schlächter."

Der Matador hebt den Degen, zielt zwischen die Schulterblätter. Der Stier glotzt und läuft plötzlich los, reißt den Kopf hoch, bricht zusammen, versucht sich aufzuraffen, bleibt liegen, bläht die Nüstern, schlägt mit den Beinen um sich, hebt den Schädel, wirbelnde Capas verwirren ihn, Capas, der Schädel sinkt. Der Puntillero nähert sich vorsichtig, sticht mit dem Dolch rasch zwischen Wirbel und Schädelbasis, springt zurück. Der Stier ist nun tot.

„Sind andere um so sehr vieles besser?" fragt Annie.

Mark sieht sie an, zuckt die Achseln, sagt sehr verächtlich: „Es gibt manche andere, die um ein klein wenig mehr an Mut und Können und Erfahrung haben."

Der dritte Matador ist hauchnahe über den Hörnern und tötet den Stier.

Mark sagt ruhig: „Jetzt hast du einen Mann gesehen, der

in der Arena nicht nur dem Geld und seinen Komplexen nachläuft."

Pause. Der Sand wird mit Wasser besprengt, das Gefährt verschwindet danach schnell aus der Arena. Zwischen dem Publikum laufen Verkäufer durch die Reihen und bieten Zigaretten und Getränke an.

Annie lehnt sich an ihn. Der Stoff ihrer engen roten Hose ist an den Knien und Schienbeinen staubig und von der Betonmauer leicht aufgescheuert. Er spürt, wie sie aufgeregt atmet, ihre Bluse ist verschwitzt und zerknittert.

Sie hält seine Hand.

Picadores. Annie zündet sich eine neue Zigarette an, raucht nervös, mit kurzen Zügen.

Und dann macht der Matador eine wunderschöne Veronica, ganz langsam, die Capa tief unten, eine gleitende, ausgewogene Bewegung, und die Beine des Mannes unbeweglich. Eine zweite Veronica, das rechte Bein leicht vorgesetzt, das Horn des Stiers schlitzt den Stoff an der Taille des Mannes auf, das Publikum jubelt, eine dritte Drehung, noch eine, das Publikum rast, applaudiert heftig.

Annie sagt etwas.

Das Gesicht des Matadors ist voll Schweiß, aber der Mann lächelt, als er zur Barrera geht, sich erfrischt, ein paar Worte spricht, die Augenbrauen zusammenkneift, den Kopf schüttelt, die Muleta in die linke Hand nimmt, zu dem Stier hinausgeht. Der Stier erwartet ihn in seiner Querencia.

Der Stier sieht das Tuch, beginnt unruhig mit den Hufen im Sand zu scharren. Das Tuch nähert sich, lockt, wirbelt, fordert heraus. Der Stier senkt den Kopf, scharrt, rennt los, das Tuch schlägt um seine Augen, mit dem linken Horn stößt der Stier zu, das Tuch weicht, der Stier stößt zu, plötzlich ist das Tuch verschwunden, der Feind steht unmittelbar vor ihm, der Stier hebt den Kopf, senkt ihn und stößt zu, aber da ist wieder das Tuch, der Stier rennt einen Viertelkreis um den Mann herum, der steif und hoch aufgerichtet den linken Arm ausgestreckt hält, das Tuch lässig vor dem Stier herzieht. Der Körper des Tieres gleitet am Leib des Mannes vorbei, das Tuch schwingt mit einem Ruck nach oben, der Feind ist plötzlich verschwunden.

Der Stier hat Schaum vorm Maul. Und da ist wieder das Tuch, lockt, fordert zum Angriff. Die Hörner des Stiers gehen an der Brust des Matadors nur einen Gedanken weit vorbei, Blut benetzt den Anzug. Das Tuch wirbelt in die Höhe, wieder ist der Feind verschwunden, der Stier rennt noch ein Stück weiter. Schweiß auf dem Gesicht des Matadors. Er lässt die Muleta sinken. Lächelt.

Da ist die blitzende Klinge. Unbändig greift der Stier an. Der Mann weicht aus, und da ist das Tuch, in das der Stier wütend stößt. Das Tuch zieht den Kopf des Stiers hoch, der Stier brüllt, stößt ins Leere, die Muleta fällt. Nur der Mann ist der Feind, fort ist das Tuch, der Degen zeigt zwischen die Schulterblätter, der Stier rennt los, tief gesenkte Hörner, der Degen schnellt durch die Luft, der Stier hat den Mann auf den Hörnern, wirft ihn hoch, stößt auf den Feind ein, der Mann liegt regungslos, die Arme über den Kopf geschlagen.

Wirbelnde Capas, verwirrende, wirbelnde Capas, es muss noch einen anderen Feind geben, der nicht am Boden liegt, der Stier folgt den schwingenden Tüchern.

Mit zusammengepressten Lippen zieht der Matador einen neuen Degen aus der Scheide, die ihm hingehalten wird. Geht auf den Stier zu. Der Stier greift unvermittelt an, die Muleta lenkt ihn ab, irritiert ihn. Die Spitze des Degens zeigt zwischen die Schulterblätter. Der Stier wirft sich nach vor, greift den Mann an, hebt ihn mit den Hörnern hoch, wirft ihn hinter sich in den Sand. Sofort wirbelnde Capas. Der Degen liegt verbogen im Sand.

Das Publikum pfeift und flucht und trampelt und trommelt mit den Füßen.

Der Matador holt einen anderen Degen. Unbewegliches Gesicht. Der Stier schnaubt, und seine Flanken bewegen sich heftig, Schleim rinnt aus seinem Maul, beginnt plötzlich Blut zu spucken. Das Publikum tobt und trommelt mit den Füßen.

Mit steifen Schritten geht der Matador ein paar Schritte von der Barrera weg, dem Stier entgegen, lässt die Muleta schwingen, den Degen erhoben. Mit einem Satz rennt der Stier in den Degen, stößt zu, stößt mit dem linken Horn zu, verfängt sich im Oberschenkel des Mannes, wirft den Schädel hoch, die Last des Mannes auf den Hörnern, schüttelt den Schädel, schleudert den Mann gegen die Holzplanken der Barrera, stößt zu, stößt zu, stößt immer wieder mit dem linken Horn zu.

Der Mann liegt auf dem Boden und bäumt sich auf, krümmt sich, versucht die Hörner wegzustemmen, wird von dem Stier an die Planken gedrückt, das Horn wühlt im Oberschenkel des Mannes, der Stier stößt zu, stößt zu, stößt zu, wirbelnde Capas, der Stier brüllt, wirbelnde Capas, der Kopf des Mannes fällt zurück, der Stier stößt zu, wirbelnde Capas, der Stier zerfetzt eines der Tücher, stürzt sich wild in das wirbelnde Chaos, stößt mit dem Horn in die roten Tücher, spuckt Blut, steht plötzlich starr und fällt um.

Annie öffnet den Schlag des Autos, er setzt sich neben sie, sie startet, sie biegen in die Hauptverkehrsstraße ab, sie sagen nichts.

Die Ampel steht auf Rot.

Sie wartet, fährt an, überholt die Kolonne, die rechts abbiegt, kommt auf die breite Fahrbahn, drückt auf das Pedal, ordnet sich ein. Die Häuserkette wird allmählich lockerer.

„Er hätte nicht sterben dürfen", sagt Mark.

Rechts ein Komplex von Neubauten. Sie haben freie Fahrt.

„Er war einfach mein Mann", erklärt Mark. „Mein Mann. Ich habe auf ihn gesetzt."

„Ich liebe dich, Mark", sagt sie.

„Du hättest Robert abholen sollen", antwortet er müde.

Sie schüttelt den Kopf, sagt etwas, das er nicht hört.

Er öffnet die Lippen, als wolle er sprechen, sieht vor sich hin. Schweigt. Plötzlich ist da die Stadt, die schwüle, dampfende, siedende Atmosphäre der Stadt, mit sengender Sonne und ohne jeden Wind, zum Teufel, wo anders gab es ihn auch, die weißen Mauern und überall Kot und die dünne, winselnde, widerliche Stimme aus einem der dreckigen Höfe, die schwarzbekleideten scheuen Weiber, die man nie richtig zu Gesicht bekam, körperliche Berauschung des Lichts, meine Liebe, meine tropische Frau mit dem glatten Körper, der in einem fort verführen könnte, wäre man nicht so unendlich träge, meine Lust, meine Begierde, meine Scham, mein unsinniges Verlangen nach ihrem Leib, dem weitgeöffneten Leib voll heißen Fleisches, den Schenkeln, dem animalischen Geruch ihres Schweißes.

Die Trümmer, in denen wir gehaust haben wie Vieh, nein, nein, ich bin nicht stolz, seine Lustknäblein und die Dirnen, die dir mit dem Rocksaum an der Nase herumwirbeln, die verdreckten Huren mit ihrer ganz besonderen Art, die Lumpen fallen zu lassen, dass wir nicht geschlechtskrank wurden, wundert mich, ständig besoffen und mit einem Weib, das stank und träufelte und schrill aufschrie, um weiszumachen, wie unberührt es sei.

In unseren nüchternen Nächten war tatsächlich Weiberpack da, aber es verlief sich, weil er später nicht mehr wollte und nicht mehr bezahlen konnte und ich zu ausgepumpt war, er noch mehr besoffen als ich, dieses Schwein, dieser Heros, der asketisch leben konnte wie Buddha selbst, über bleiben die Lust und die Trägheit, und wir wie faulendes Aas in den Trümmern, dem Körper gaben wir nicht, was er brauchte, den Geist benebelte man einfach, das Klima, so sieht die Hölle aus, Sonne.

Ein Mensch, der sich selbst zerfressen will, braucht sich hier nur auszustrecken, welche Lustempfindung, wie sehr will man doch den eigenen Tod, wie gerne sieht man sich verwesen, feuert die Aasgeier an, ins Fleisch loszuhacken, stöhnt vor Lust, wenn ein neuer Fetzen Fleisch von den gierigen Schnäbeln fortgerissen wird, fortgezerrt, bis das Skelett bleicht und der Totenschädel grinst, man möchte sich grinsen sehen in dieser Welt, man möchte grinsen, grinsen, tagelang grinsen, auf einer Hure liegend, ihr die Gedärme herausreißen, die glatte Haut losreißen, aufwühlen und jauchzen und keuchen dabei und ihren Schmerz genießen und vor Verzweiflung brüllen, die Verzweiflung auskosten wie eine Schale Wein, leeren den Becher, doch den tödlichen Schluck ja nicht zu schnell hinunterrinnen lassen, damit der innere Zweikampf noch länger andauert, verharren, sein Hirn sezieren, sich quälen, sich erbrechen, sich ergötzen am eigenen zerfetzten Fleisch, die schleimige Scheide einer Hure, die Muskeln ihres Bauchs, trächtig in einer Urinlacke mit Blut.

Man müsste alle Zeit abschütteln können, die Gegenwart ist nur Mischung aus Vergangenheit und Zukunft, man müsste frei sein von allen Bindungen und vor sich selbst, atmen dürfen, Leben tief einsaugen, mit vollen Lungen, mit aller Kraft, wir sind bloß zweigeteilt, ewige heroische Kämpfer, die über ihr Schachmatt milde zu grinsen haben, verurteilt sind, darüber zu grinsen, Idioten, die sich ewig einbilden, einen geraden Weg gehen zu können durch die irr angelegten winkeligen, sich ineinander verschiebenden Gässchen und Torbogen und zerbröckelnden Mauerreste, wir müssen total verrückt sein, wahnsinnig, vermessen, die leiernde, kreischende Stimme dringt durch Mark und Bein, man möchte umfallen und tot sein, aber der verdammte Boden ist steinig, und man könnte sich weh tun und sogar ernsthaft verletzten, ewiger Fluch.

Verdammte, verfluchte, glorreiche Zeit. Warum mussten wir sie langsam auskosten, warum konnten wir nicht krank werden und krepieren ? Ich glaube fest, auch er hätte das gewollt. Die philosophischen Reden, die wir hielten. Das Beste, das du je gehört hast. Und das Niederträchtigste und Gemeinste, und das Göttlichste und Reinste. Und die Hure, die hinter deinem Rücken stand und stöhnend und haltlos Selbstbefriedigung trieb. So rein wie nur die Wüste. Eigentlich hätten wir krepieren müssen, denke ich. Und ich weiß nicht, was uns daran gehindert hat. Ich weiß nicht, ich weiß es einfach nicht.

Dann unsere glorreiche Zeit auf dem Berg, über der Stadt, die sengende, lastende Sonne, prall, verzehrend und aufpeitschend. Damals schrieb ich, er hatte mir eine Menge Papier und eine immerhin noch großartig funktionierende Schreibmaschine aufgetrieben. Er sagte, ich solle endlich wieder meine Gedichtchen schreiben, damit wenigstens einer von uns nicht toll würde, er fastete.

Er begann wieder mit seinem asketischen Leben, und ich glaube, ich habe anfangs auch gehungert, mit einem gewissen Schuldbewusstsein ihm gegenüber, mit einer Furcht, ich weiß nicht wovor, ich habe geschrieben, und er hat gesagt, ich hole das Letzte aus mir heraus, und ich habe ernst genickt, und da erst habe ich gemerkt, wie er gegrinst hat, wie er sich den Bauch gehalten hat vor lauter Grinsen, das Schwein, und am Abend habe ich sämtliche Manuskripte verbrannt, oh doch, es hat eine Menge Glut und Hitze gegeben, und ich bin hinunter in die Stadt gegangen und habe mich besoffen, verdreckt habe er mich gefunden, sagte er später, und es habe ihn mächtig große

Überwindung gekostet, die Stadt aufzusuchen und nach mir Umschau zu halten, lieber hätte er mich doch verrecken lassen, aber allein sei es ihm zu einsam in seinem Bau, und er sei jetzt so gut im Zug mit seinem Fasten, dass er nicht aufgeben wolle.

Wir sind gemeinsam zu dem alten Tempel gepilgert, dem Apollon oder Poseidon geweiht, ich weiß nicht genau, und wir sind hinunter in den Schutt gestiegen und haben uns niedergehockt und gebetet und gebetet, und er hat mich um Verzeihung ersucht, und ich habe ihm einen Hieb versetzt und ihn einen beschissenen Schwulen genannt, er hat nur gegrinst, und ich habe ihn gedroschen, gedroschen wie ich nur konnte, er wehrte sich nicht, er wehrte sich überhaupt nicht, er lag einfach auf den Steinen und sah mir zu, wie ich mich verausgabte, er hat wohl auch gesprochen, aber ich habe nichts verstanden, oder ich wollte eben nichts davon verstehen, ich habe ihm einen Tritt ins Gesicht gegeben, und er hat sofort geblutet, und da verstand ich, was er sagte, bitte hör doch auf, du erschlägst mich noch, komm doch zu dir und sei vernünftig, und ich habe von ihm abgelassen, und er hat sich auf meine Schulter gestützt und gesagt, er sei froh, dass er wenigstens einen Freund habe, mit dem er hin und wieder reden könne, der verdammte Heilige.

Ich habe ihn rührend gepflegt, und er hat seine Hungerei auch nicht um einen einzigen Tag unterbrochen, ich war beschämt und beeindruckt, ich habe wieder geschrieben, und er hat gesagt, ich müsse mit meinem Leben abzuschließen versuchen, nicht immer an sie denken, wir seien beide eben verflucht und nichts weiter, außerdem hätte es nicht den geringsten Sinn, sich Vorwürfe deshalb zu machen, es sei einfach geschehen und damit erledigt, ich habe lange vor mich hin gestarrt.

Während der Tage begann er Steine aller Art zu suchen und

Getier, das er umbrachte und vor der Tür sorgsam ordnete, trocknete, zu sammeln begann, er wollte mir gleich allerhand darüber erklären, aber ich war viel zu sehr vertieft in meine Schreibereien, er sagte, er wäre unendlich glücklich, könne er hier malen, aber es blieben ihm bloß die Skelette und Steine.

Ohne dass er es wusste, ließ ich mir eine Menge Leinwand und Ölfarben in der Stadt besorgen, stahl ihm genügend Geld und schleppte dann den endlich eingetroffenen Kram schließlich den Berg hinauf. Seine Stimme zitterte, und er war in der ersten Freude ganz starr, lief dann fort, verhielt sich ein paar Tage lang, als wäre er der Sklave und ich sein König, er widerte mich an, und ich sagte ihm das, er wurde verlegen und begann zu saufen, brach mit seiner ganzen Fasterei, schnappte einfach über und lud sich seine Bürschchen ein. Ich verdrosch ihn ausgiebigst, aber diesmal wehrte er sich mit ganzer Kraft und brachte mich halb um, und dann begann er neuerlich zu hungern und zu malen und zu philosophieren.

In den Pausen, in denen ich vom Schreiben rastete, er aber immerfort und unermüdlich malte und skizzierte und zeichnete, unterhielten wir uns über seine Lebensauffassung, Grenzen seiner Metaphysik, Christus und Engagement, je mehr wir sprachen, desto verzweifelter wurde ich, desto mehr verlor ich den Glauben an meine Schaffenskraft, er ermutigte mich aber stets, erpresste immer wieder zwei weitere Gedichte, zehn, zwanzig, ich gab auf, log ihm etwas von Schwäche und Krankheit vor, er durchschaute mich und las meine Manuskripte, begeisterte sich, ich weiß nicht, ob er wirklich alles für großartig hielt, aber ich schrieb weiter, machte Spaziergänge, setzte mich voll Inbrunst vor die Maschine, schrieb, bis mir die Lettern im Kerzenlicht vor den Augen tanzten und verschwammen, schlief kaum, ich begann wie er zu fasten, Essen ekelte mich.

Sie hielt vor seinem Hotel, fragte freundlich lächelnd, ob er unterwegs ein wenig geschlafen habe.

Er blickte sie an. Ihre Lippen und ihre Augen. Vom Fahrtwind zerzaustes Haar. Ihre Lippen öffneten sich.

„Annie", sagte er verzweifelt, küsste sie, presste sie an sich, spürte die Wärme ihres Körpers. „Annie", sagte er.

Sie stieg mit ihm aus, er nahm seinen Zimmerschlüssel vom Haken, sie gingen die Treppe hinauf.

Sie sperrte die Tür hinter sich ab.

Er blieb mitten im Zimmer stehen.

Sie trat auf ihn zu, er umfasste sie wild, ungestüm, leidenschaftlich mit beiden Armen. Küsste sie, küsste sie auf den Hals, die Schulter, die Wangen, ihre Hand streichelte sanft auf seiner Wange, auf seinem Nacken, sie liebkoste ihn.

Er presste sie an sich, spürte ihre Schenkeln, ihren Atem, ihre Hände, küsste sie.

Sie weinte.

Er lächelte, und sie knöpfte sein Hemd auf, die Hand auf seiner Brust, schob den Hemdkragen zögernd auf seinen Nacken, legte die Wange an seine Brust, küsste ihn, strich über seinen Rücken, küsste ihn, warf das Hemd zu Boden, lächelte, sie bekam den Knopf seiner Hose nicht auf, er küsste sie und warf sie zurück aufs Bett, sie wollte sich aufsetzen, er küsste sie, sie setzte sich auf, er streifte ihre Jeans fort, sie entkleidete sich ganz, sie war nackt, er küsste sie, ihre Haut, ihr Atem, er küsste sie, seine Hände auf ihrer Haut, ihre Brüste, sie küsste ihn, lachte glücklich, er küsste sie, ihre Brüste, ihren Bauch, ihr Geschlecht, sie legte die Schenkel weit auseinander, er küsste sie, ihre Hand auf seinem Nacken, sie wand den Kopf zur Seite, ihr flacher Bauch, die Behaarung, ihre Hände auf seinem Rücken, ihre Brüste, die Haut, ihr Bauch, ihr Geschlecht, sie wand sich, bog ihm den Leib entgegen, ihr Geschlecht, ihr Geschlecht, sie hob die Schenkel, umklammerte ihn, ihr heißes, nasses Geschlecht, ihr Atem, er stieß in sie, sie stöhnte und wand sich, sie hatte die Augen geschlossen, stöhnte, er presste sich an sie, sie atmete laut, weit geöffnete Lippen, den Kopf zurückgeworfen, sie bewegte ihren Körper, er stieß in sie, sie stöhnte, hob den Leib empor, er stieß in sie, stieß in sie, sie zuckte zusammen, er stieß in sie, er stieß in sie, er war der Stier, der in sie stieß, sie stöhnte laut auf, er stieß zu, stieß zu, er war der Stier, der immer wieder zustieß, sie stöhnte.

Und sie atmete tief aus und umklammerte ihn noch immer mit den Beinen und lag ruhig, bewegungslos, geschlossene Augen, atmete ruhig. Begann langsam mit ihren Händen über seinen nackten Rücken zu streichen, spielte liebevoll mit seinem Haar.

„Du bist nichts als eine dreckige Hure", sagte er plötzlich und stand auf.

Sie lag auf den Decken.

Er ging zum Fenster, zündete sich eine Zigarette an.

Sie setzte sich langsam auf und sagte etwas.

Er gab keine Antwort.

Sie stand auf und zog sich die Kleider sorgfältig, bedächtig, langsam über, blickte ihn an, während er rauchte.

Er lehnte mit der Schulter am Fensterrahmen des Balkons und sah hinaus, Musik aus dem Tanzlokal. Dunkle Konturen der Häuser.

„Ich gehe jetzt", sagte sie.

Er rauchte.

Sie schloss leise die Tür hinter sich.

Er warf sich auf das Bett.

Die Nacht ist lang, mein Freund, wenn du nackt auf den erkalteten Felsen liegst und gegen den Himmel starrst, die Nacht ist lang und trostlos, vielleicht erfrierst du, das wäre schon eine Erlösung, glaube mir, versuche einmal zu sterben, ohne deinen starren Blick in den Himmel, die Sterne siehst du ohnehin nicht, dafür ist gesorgt, verlass dich darauf, Sterne sind nicht für dich geschaffen, Freund, ich weiß, dass du sterben willst, aber die Sterne sind für dich gestorben, für dich, du kannst tun, was du willst, du kannst Foltern erdulden und frieren und dich peinigen und martern, die Sterne sind tot, und du lebst, daran ist nicht zu rütteln. Vielleicht gefällt dir der Morgen, vielleicht gefällt er dir wirklich, melancholisch genug wärst du ja, mein Freund, aber versuche dir niemals eine Hoffnung daraus zu machen, verstehst du, niemals.

Freitag 22. August

ALS ER ZUM FRÜHSTÜCK KAM, war der Speisesaal bereits leer. Er setzte sich an seinen Platz und beobachtete den Hausdiener, der Kisten voll leerer Mineralwasserflaschen vor dem Eingang aufstapelte, dann mit dem zweirädrigen Karren vorfuhr und die Kisten verstaute, ohne den Blick zu heben.

Das Serviermädchen ging draußen vor dem Fenster vorbei und sah ihn, schürzte die Lippen, schüttelte den Kopf, kam aber doch herein.

Er lächelte sie an und bestellte Tee und Gebäck und ein wenig Käse.

Sie zuckte die Achseln und ging.

Der Hausdiener war mit seiner Arbeit fertig, warf einen verstohlenen Blick herüber, nickte mit dem Kopf.

Mark grüßte laut.

Der Mann erwiderte seinen Gruß, strahlte über das ganze Gesicht, zeigte stolz, wie stark er sich vor den Karren spannen konnte.

Das Serviermädchen brachte sein Frühstück, stellte alles kopfschüttelnd vor ihn hin.

Er trank den Tee und aß das Gebäck mit Käse.

Hinter der Bar machte sich die Frau des Verwalters zu schaffen. Er trank den Tee aus, ging hinaus zu ihr, setzte sich zu ihr an die Theke.

Sie begrüßte ihn freudig, rang aber die Hände. Sagte etwas, das er nicht verstand, und machte mit der linken Hand eine wegwerfende Geste, dazu ein sehr kummervolles Gesicht. Und sie sah ihn sehr betreten an.

Er lächelte.

Sie sah ihn verzweifelt an, überlegte eine Weile, hob dann völlig aufgebracht die Hände und verzog das Gesicht.

Er zuckte lächelnd die Achseln.

Sie winkte mit den Händen verneinend, machte ein ganz schreckliches Gesicht.

Er verstand nicht, was sie ihm mitteilen wollte.

Aber sie gab jetzt auf, winkte noch sehr betrübt mit einer Hand und drehte sich dann resigniert um zur Musikstation und spielte „Aranjuez".

Er nickte ihr freundlich zu.

Sie stützte sich mit beiden Händen hinter der Theke auf und sah zur Tür hinaus.

Auf einmal begann sie zu erzählen. Er verstand, dass sie nicht mehr lange hier bleiben wollte, sie habe große Sehnsucht, wieder zu Hause zu sein, Aranjuez. Überdies müsse das Baby nun bald zur Welt kommen. Sie wolle es nicht an der Küste gebären. Nur die Touristen hätten Gefallen an der Sonne und den heißen Tagen. Sie selbst möge das Meer überhaupt nicht. Ihr Baby solle es nicht gleich zu sehen bekommen. Sie lächelte.

Und dann verstand er plötzlich auch, was sie ihm bereits zuvor hätte sagen wollen: Heute spät nachts sei ein ganz schrecklicher Unfall passiert, deutete sie. Auf der Strecke nach Lloret. Sie schüttelte den Kopf. Der letzte Winter hier habe ihr den Rest gegeben, ihr Mann sei auch dafür, wieder ins Landesinnere zu ziehen. Nur habe er hier als Verwalter doch gut verdient, und sie würden das Geld nötig haben.

Sie schenkte ihm seufzend aus der angebrochenen Flasche Limonade nach.

Er versuchte ihr deutlich zu vermitteln, das mit dem Baby ginge bestimmt in Ordnung.

Sie lächelte, seufzte wieder und wischte mit gebeugtem Rücken über die Theke.

Ihr Mann kam aus der Küche und sagte etwas, worauf sie den Lappen fortlegte und wegging. Der Verwalter setzte sich zu seinen Führungsbüchern und begann Eintragungen zu machen.

Er trank die Limonade in kleinen Schlucken aus und stieg vom Hocker herunter.

Der Verwalter rief ihm nach, es habe schon früher jemand für ihn angerufen. Er schlenderte zum Verwalter hin und ließ ihn wählen.

Er erkannte die Stimme nicht und fragte mürrisch, wer dort denn überhaupt spräche. Robert. Annie sei tot, ein Unfall, er möge doch um Gottes willen sofort kommen, schon seit neun Uhr habe er versucht, ihn zu erreichen. Mit dem Auto. Die Klippen, nachts. Mark solle doch bitte sofort kommen. Es klickte in der Leitung.

„Sie war auf dem Weg zu mir", sagte Robert später, „Sie wollte mich abholen. Ich hatte sie gebeten, mich mit dem Auto von der Firma in Barcelona abzuholen. Sie muss eine Kurve übersehen haben. Die Polizei war bereits hier. Es ist ein Totalschaden. Sie wird nach Barcelona überführt."

„Es war Selbstmord", behauptete Mark.

„Sie war auf dem Weg zu mir."

Mark lehnte sich an die Wand, sah Robert an.

„Ich hätte sie nicht darum bitten dürfen, mitten in der Nacht, ich bin schuld, dass sie verunglückt ist."

„Es war Selbstmord", wiederholte Mark.

Robert sah ihn an.

„Du hast sie tatsächlich so sehr geliebt ?" fragte Mark.

Robert starrte ihn an. Mark steckte die Hände langsam in die Hosentaschen.

„Dazu hat sie doch überhaupt keinen Grund gehabt", sagte Robert. „Sie war auf dem Weg zu mir. Ich hätte sie nicht bitten dürfen, mich noch so spät aus Barcelona abzuholen."

„Hat sie dich geliebt ?"

Robert zuckte zusammen. „Ich weiß nicht, weshalb du das überhaupt fragst."

„Hast du etwas zu trinken hier ?"

Robert schüttelte den Kopf.

Mark ging zum Telefon, hob den Hörer ab, bat, der Kellner möge sofort eine Flasche Whisky bringen, und dazu zwei Gläser. Legte auf. Hielt Robert die Packung Zigaretten hin. Zwang ihn, eine Zigarette zu nehmen, gab ihm Feuer. Setzte sich ihm gegenüber an den Tisch.

Sie schwiegen.

Der Kellner brachte Whisky und die Gläser, öffnete die Flasche sehr bedächtig, goss auf Marks Wink unverzüglich ein. Machte ein befremdetes Gesicht, drehte sich um und verschwand.

Mark blickte Robert an, hob sein Glas.

„Ich kann eben nicht soviel ertragen wie du, Mark", erklärte Robert.

„Das weißt du nicht."

„Ich bin ein absoluter Schwächling."

Mark sah ihn an, drehte sein Glas auf der Tischplatte. Rauchte und gab keine Antwort.

Am Gang vor dem Zimmer sprachen Franzosen, laut, und polterten die Treppe hinunter.

Roberts Finger zitterten, als er nach dem Glas griff.

Mark nahm sein Glas in die Hand.

Robert sah an Mark vorbei und fragte: „Hast du sie geliebt, Mark ?"

Mark blickte ihn an, sagte: „Meinst du nicht auch, dass du ein verdammter Idiot bist ?"

Robert senkte den Kopf.

CHRISTIAN SCHOLZ

Geboren 1944 in Wien, veröffentlichte schon früh Kurzgeschichten in deutschsprachigen literarischen Zeitschriften,
Magazinen und Wochenendbeilagen von Tageszeitungen
sowie Essays in Büchern. Später neben Romanen und Kurzgeschichten auch Bearbeitungen und Neufassungen von
Klassikern der Jugendliteratur, umfangreiche Sammlungen
internationalen Sagenguts und Sachbücher verschiedener
Thematik. Nach der ersten freiberuflichen journalistischen
Tätigkeit Redakteur des Kulturressorts einer führenden
österreichischen Tageszeitung, dann leitende Stellung in
einem internationalen Medienkonzern und schließlich
selbständiger Unternehmer im Bildungsbereich. Auch lange Zeit tätig als freier art-Fotograf von Kultur, Landschaft
und Mensch. Veröffentlichungen vor allem in den Verlagen
Deutsch, Wiener Verlag, Poseidon Press, Omnibus, Herder,
Weltbild, Bertelsmann, Ariston, Kiesel und Welsermühl.

Ich habe eben Ihre Arbeiten gelesen
und den Eindruck gewonnen,
dass Sie sehr begabt sind.

Hans Weigel

Hans Weigel
Schriftsteller und Kulturkritiker
1908 - 1991

IN GLEICHER AUSSTATTUNG ERHÄLTLICH:

Das Spiel
von Egoismus und Liebe

Der Mann, der seine Begierde
lüstern auslebt und gehörig
überrascht wird.
Das junge Mädchen, das sich in
seinen Gefühlen tödlich irrt.
Der Verführer, der kaltblütig
eine große Liebe zerstört.
Unbezähmte Leidenschaft
bis tiefe Einsamkeit
in erbarmungslosen,
überwältigenden, tiefgründigen
Momentaufnahmen.
Eine Analyse
verzweifelter Spannungen
und unverhohlenen Glücks
in einer schalen Gesellschaft.

In diesen 17 Menschenporträts
verschmilzt krasser Realismus
mit zarter Poesie. Melancholie
bestimmt die Suche nach Erfüllung,
die immer dort endet,
wo die Wirklichkeit beginnt.
Lebenspralle Bilder in sorgsam
abgetasteter Sprache, die bis
in intime psychologische
Details führen.

CHRISTIAN SCHOLZ
Abendtot

**VORWIEGEND OBSZÖNE
KURZGESCHICHTEN**

Das Kultbuch
unserer Zukunft

Evolution ist die uns
bekannte Spielart des
Lebens – aber gebietet
in Zukunft ein
ganz anderer „Gott" ?
Wird das, was wir heute
unter Liebe verstehen,
einmal tödliches
Verhängnis sein ?
Wie funktioniert eine totalitäre
Gesellschaft nach völlig neuen
Verhaltensmustern ?
Cynthia, klug und neugierig,
wächst in eine Welt,
in der alles beklemmend kalt
und abweisend ist.
Sie sehnt sich nach etwas,
das sie erfüllen könnte -
aber sie kann sich nicht beugen,
ohne sich zu verraten.
Oder sie wird mit all
ihrer Sehnsucht untergehen.

Ein faszinierender, beängstigender,
bizarrer Bericht mit aller Spannung
und Lebensfülle eines Kultromans.

CHRISTIAN
SCHOLZ
Das
Paradies

EIN LEHRREICHER BERICHT
FÜR DIE GEHOBENEN BILDUNGSSTÄNDE

HINWEIS

Barcelona hat sich in den letzten beiden Jahrzehnten entscheidend verändert, vor allem was wirtschaftliche und touristische Belange mit allen Folgeerscheinungen betrifft.

Die spanische Peseta ist als Währung zum 1.Jänner 1999 vom Euro abgelöst worden.

Und die seinerzeit berühmte „Arena La Monumental" wurde inzwischen zum Einkaufs- und Kulturzentrum „Arenas de Barcelona" umgestaltet, nachdem die Mehrzahl der Katalanen im Juli 2010 für das Verbot des Veranstaltens von Corridas gestimmt hatte. Der letzte Stierkampf in „La Monumental" fand am Sonntag, dem 25.September 2011, mit großer Begeisterung, aber auch unter Protesten statt.

Die Handlung in diesem Buch spielt noch vor allen diesen maßgeblichen Entwicklungen.

IMPRESSUM

Einband und Layout © 2013 by **diwaldart**, Wien

Sämtliche Rechte an diesem Werk und allen seinen Teilen, in der deutschen Originalfassung und in Übersetzungen in alle Sprachen der Welt, liegen ungeteilt und ausschließlich allein beim Autor; dies gilt insbesondere für die Vervielfältigung oder das Kopieren aller Art sowie der Nutzung in allen wie auch immer gearteten optischen, akustischen, elektronischen und verbreitenden Medien. Eine Nutzung jedweder Art ist allein dem Autor vorbehalten und bedarf seiner ausdrücklichen schriftlichen Genehmigung. Widerrechtliches Handeln ist gemäß dem international gültigen Urheberrecht gesetzlich strafbar und wird daher in jedem Fall zivil- und strafrechtlich verfolgt.

Die Deutsche Nationalbibliothek verzeichnet vorliegende Publikation in der Deutschen Nationalbibliografie; detaillierte bibliografische Daten sind im Internet abrufbar unter http://dnb.d-nb.de

Copyright © 2013 beim Autor
Verlag: tredition GmbH, Hamburg

Printed in Germany

ISBN 978-3-8495-4489-8

EIN BUCH
IST EIN BUCH
IST EIN BUCH